Las conversaciones difíciles
no tienen por qué ser complejas

Las conversaciones difíciles

no tienen por qué ser complejas

UNA FORMA SENCILLA E INTELIGENTE
DE MEJORAR TUS RELACIONES
Y LAS DE TU EQUIPO

Jon GORDON y Amy P. KELLY

OBERON

OBERON

Título de la obra original: *Difficult Conversations Don't Have to be Difficult*
Diseño de cubierta: Paul MaCarthy
Realización de cubierta: Celia Antón Santos
Traducción, revisión y maquetación: Claudia Valdés-Miranda Cros
Responsable editorial: Eugenio Tuya Feijoó

Edición española:
© EDICIONES ANAYA MULTIMEDIA (GRUPO ANAYA), 2024
Valentín Beato, 21
28037. Madrid
www.oberonlibros.com

PAPEL DE FIBRA
CERTIFICADA

Depósito legal: M-23423-2024
ISBN: 978-84-415-5129-9
Printed in Spain

Dedicamos este libro a nuestras familias y a todos los profesionales de los negocios, el deporte, la medicina, la administración y, en general, a cualquiera que haya tenido que mantener conversaciones difíciles. Esperamos que que gracias a esta obra, esas conversaciones sean menos complejas y que sus relaciones y equipos sean más fuertes y estén más unidos.

—Jon y Amy

Sobre los autores

Jon Gordon ha inspirado a millones de lectores en todo el mundo. Es autor de 30 libros, entre ellos cinco infantiles y 15 superventas, como *La única verdad*, publicado por Oberon libros, *El poder de un equipo positivo*, *El bus de la energía*, *El grano de café*, *El carpintero*, *Campo de entrenamiento*, *La venta*, *You Win in the Locker Room First*, *Stay Positive*, *The Garden*, *Relationship Grit*, *Stick Together* y *Row the Boat*. Le apasiona desarrollar líderes, organizaciones y equipos positivos. Se puede visitar en JonGordon.com.

Amy P. Kelly es una ejecutiva global de recursos humanos y desarrollo de talentos conocida por crear equipos y culturas de alto rendimiento, incluidos entornos laborales galardonados y programas de desarrollo del liderazgo. Le apasiona ayudar a las personas a convertirse en los líderes que están destinados a ser. Amy cree en las personas y en su capacidad para crear líderes y equipos de éxito en todos los aspectos de la vida, ya sea en su hogar con su marido y sus cuatro hijos, en su comunidad o en organizaciones de todo el mundo. Otros libros de la autora son *The Energy Bus Field Guide*, *G.L.U.E. A Leadership Development Strategy to Bond and Unite*, *You Grow Girl! Planting and Pursuing the Power of You* y *You Grow Girl! Journal*. Para obtener más información sobre Amy y su trabajo, se puede visitar www.amypkelly.com.

Agradecimientos

Queremos agradecer a nuestras familias, sobre todo a nuestros cónyuges e hijos, y también a nuestros allegados, su participación en muchas conversaciones difíciles que nos han fortalecido juntos.

Damos las gracias al equipo de conferenciantes, formadores y asesores de Jon Gordon, un grupo de profesionales que ha trabajado con dedicación para proporcionar desarrollo personal y profesional a las personas y equipos a los que asesoramos, mientras practican aquello en lo que creen. Es este compromiso con nuestras relaciones lo que deseamos reconocer y por lo que expresamos nuestra profunda gratitud mientras continuamos sirviendo juntos en busca de una visión compartida y un propósito mayor.

Gracias por mejorar juntos y vivir estas realidades: el equipo es la clave y nadie crea el éxito por sí solo.

Contenido

Introducción

Jon y yo hemos trabajado juntos durante ocho años y la idea de este libro surgió de una conversación difícil que mantuvimos. Pensamos que, si nuestro equipo estaba luchando por mantener las conversaciones necesarias para crecer, otros equipos también podrían hacerlo. Lo habíamos visto una y otra vez en nuestro trabajo y sentimos que era un aspecto importante en el que se debería profundizar.

Pensamos en las buenas prácticas que habíamos aprendido y compartido al trabajar con muchos de los mejores equipos corporativos, escolares y deportivos del mundo. Decidimos crear un modelo para que los equipos mantuvieran las conversaciones y discusiones que necesitaban, pero que evitaban por miedo al conflicto.

Nuestras sesiones de intercambio de ideas condujeron a la creación del modelo STAR[3] que inmediatamente empezamos a compartir con nuestros clientes y audiencias.

Descubrimos que una de las características clave de los equipos y organizaciones con más éxito es que no se limitan a celebrar los aspectos positivos del éxito, sino que también afrontan su inevitable cara negativa, los retos y los desacuerdos que surgen en la vida y en el trabajo. Mantienen conversaciones difíciles, pero de forma positiva. Hemos sido testigos de ello en primera persona y hemos visto cómo se han fortalecido, cohesionado y unificado los lazos. Hemos sido testigos de cambios que no solo son beneficiosos, sino que también tienen un profundo impacto a nivel personal en la vida de los implicados.

Muchas personas están de acuerdo con el concepto de resolver desacuerdos y aspectos negativos de forma constructiva, pero no saben cómo hacerlo.

Hemos escrito este libro para allanar el camino hacia una mayor eficacia para las personas y los equipos. Esperamos que lo consigan juntos gracias a la fuerza y la claridad de sus conversaciones.

El modelo STAR^3 proporciona una estructura para mejorar los resultados de las conversaciones más complejas, cohesionando a los equipos y fortaleciendo la comunicación y el liderazgo de cada individuo en el proceso.

Esperamos que nuestro lector disfrute de este libro y que utilice el modelo STAR^3 para mejorar de forma sencilla e inteligente sus relaciones y las de su equipo.

—Jon y Amy
JonGordon.com

Nota para los lectores de la versión en castellano: para facilitar la comprensión lectora a lo largo del libro, hemos decidido cambiar el acrónimo del modelo original en inglés «STAR^3» por modelo «EDAR^3», que corresponde al texto en español.

Capítulo 1

Turbulencia

El calendario

Ruth miró su calendario y suspiró. Lo que vio la hizo estremecerse y apretar el estómago. La pantalla de su portátil estaba cubierta de colores que simbolizaban reuniones desde la primera hora de la mañana hasta la última de la noche. Su genda estaba repleta de reuniones consecutivas que se extendían durante semanas. Ruth sabía que no podría mantener ese ritmo y se preguntaba por qué todo su esfuerzo no estaba produciendo los resultados que esperaba para vender su empresa. ¿Por qué su equipo no conseguía los objetivos necesarios para llevar a BBDI, Inc. al siguiente nivel y tomarse un merecido y necesario descanso?

Ruth había fundado Breaking Boundaries Data Innovation (BBDI) ocho años antes y la había convertido en un negocio multimillonario que prestaba servicio a un público global. La misión de la organización consistía en crear un entorno basado en la realidad para tomar las mejores decisiones. La empresa se sustentaba en soluciones innovadoras para el tratamiento de datos, basadas en un software diseñado por ellos mismos. Estaba orgullosa de las alianzas que había creado para acelerar el crecimiento de la empresa y de sus clientes. Ahora necesitaba que su equipo directivo diera un paso adelante si querían alcanzar los objetivos fijados por la junta directiva.

Ruth se estremeció mientras miraba su ajustado calendario. «El tiempo es extraño —pensó—, pasa inevitablemente lento mientras especulas sobre todas los aspectos en que la empresa que estás creando puede cambiar el mundo y aquellos que pueden conducirla al fracaso. Sin embargo, tras años de trabajo duro para construir un negocio de éxito, cuando por fin llega el momento de vender y recoger tu recompensa, el día no alcanza ni para hacer lo más importante».

Su primera prioridad era averiguar qué pasaba con su equipo directivo. No trabajaban bien juntos y a Ruth la agobiaban los agresivos objetivos y el calendario que la junta directiva había fijado para vender la empresa. Ella había elegido a dedo a cada uno de los miembros del equipo directivo entre amigos y colegas de profesión de toda la vida, para que le exigieran rendir cuentas y la desafiaran a conducir su liderazgo y su visión al siguiente nivel, pero ahora sentía que habían llevado lo de la rendición de cuentas a un nivel poco realista, que la estaba perjudicando. Tenía una gran relación con cada uno de los miembros del equipo directivo pero cuando se reunían, la dinámica parecía cambiar. Las relaciones personales daban paso al ego y a los juegos de poder, mientras competían para ver quién la desafiaba más y se atribuía el mérito de vender la empresa. Después de todo, quedaría muy bien en sus currículos haber sido miembros del equipo de dirección de una empresa (observada de cerca por todo el sector) que fue vendida para obtener un enorme beneficio financiero. Había oído muchas historias en el pasado sobre equipos de dirección que abusaban de su poder e incluso destituían al fundador, pero no podía creer que esa fuera siquiera una posibilidad para ella. «Con los consejos y los negocios nunca se sabe —pensó—, y se sintió más estresada que nunca».

Esta empresa era su quinto hijo, además de los cuatro que ya tenía en casa. La había creado a base de años de sudor, coraje y esfuerzo, y estaba decidida a tener un final exitoso. Sin duda, Ruth se preocupaba más por su empresa que por su equipo de dirección, pero no podía dar con la clave de lo que no funcionaba. Las cosas sencillamente no marchaban bien y estaba desesperada por averiguar qué podía hacer para que su equipo tuviera un desempeño eficaz. Deberían implementar una nueva gama de productos para que BBDI ocupara una posición hegemónica en el mercado y desarrollara toda una nueva categoría de software de gestión de decisiones empresariales. Ruth y su equipo debían redefinir la gestión de negocio con una combinación innovadora de soluciones para el tratamiento de los datos y una potente gestión de bases de datos, como hicieron en los ochenta Robert y Kate Kestnbaum —pioneros en el marketing de bases de datos—, dando lugar al auge del CRM. Pero para ello necesitaban un producto que funcionara antes de que alguien más entrara en el mercado y les arrebatara esa ventaja competitiva.

Ruth respiró hondo. Se encogió de hombros e intentó relajar el cuerpo, como hacía años atrás en los momentos de mucha tensión durante sus partidos de voleibol en la universidad. Era la hora de su reunión semanal con el equipo ejecutivo y necesitaba despejarse y concentrarse. Cerró el portátil, cogió la agenda encuadernada en piel con sus notas para la reunión y caminó por el pasillo hasta la sala de conferencias. Su reunión con el equipo directivo tenía lugar cada miércoles a las siete y media de la mañana. Esperaba que todos los miembros estuvieran allí listos para empezar a esa hora. Pudo ver algunas caras a través de la puerta de cristal de la sala mientras caminaba por el pasillo, y buscó a una persona en particular, pero no la vio. ¿Paula no estaba? ¿Y cuántos miembros más del equipo habían decidido tomar el camino más fácil conectándose online en vez de asistir en persona? Por la forma en que Paula se había comportado últimamente, Ruth dudaba que estuviera sentada en la sala de conferencias.

Paula había sido presidenta de BBDI, Inc. Era una estratega de negocio sólida y una auténtica líder de opinión en el mercado de la innovación de datos. Ruth confiaba en ella para dirigir las operaciones de la organización, los lanzamientos de productos, las ventas y los objetivos estratégicos del negocio, así como al personal del equipo directivo. Sin embargo, en las últimas semanas, Paula había estado actuando de manera extraña. Ruth no quería parecer paranoica, pero había detectado algunos signos de falta de compromiso en los últimos meses. Aunque no solía contradecir las decisiones de Ruth en presencia del equipo directivo, últimamente eso se había convertido en la norma. Siempre que le preguntaba si algo iba mal, ella respondía: «Todo va bien». Pero, por algún motivo, no podía creerla.

Ruth abrió la puerta de cristal de la sala de conferencias y examinó los rostros que había alrededor de la mesa. Vio a todas las personas que esperaba, tanto en la sala como conectadas. La única cara ausente era la de Paula. Nadie del grupo hablaba; miraban las pantallas de sus portátiles, bebían café, té o bebidas energéticas, mientras esperaban a que comenzara la reunión. Al menos todos tenían las cámaras encendidas. John, su asistente ejecutivo, la miró y murmuró que había enviado un mensaje de texto a Paula para ver si tenía algún problema técnico, pero aún no había contestado.

Ruth sonrió a John y le dio los buenos días tranquilamente, optando por no decir nada sobre la ausencia de Paula. Se sentó en la cabecera de la mesa y consultó la hora en su teléfono. Eran las 7:26. Preguntó a algunos miembros del equipo cómo les iba, para romper el incómodo silencio, pero no escuchó ni una palabra de lo que respondieron, porque los pensamientos sobre la ausencia de Paula llenaban su mente y la frustraban.

El reloj avanzaba hacia las 7:30, por lo que Ruth sabía que debía empezar la reunión. Sin embargo, por todo lo que estaba pasando con el lanzamiento del nuevo producto, no quería que la presidenta se perdiera los puntos importantes de la discusión. El hecho de que no estuviera dando un buen ejemplo al equipo la frustraba. En ese momento, el grupo necesitaba elevar su nivel de compromiso, no rebajar sus niveles de excelencia.

Cuando el reloj marcó las 7:32, dejó escapar un suspiro de decepción y dio comienzo a la reunión.

La reunión

Ruth dio la bienvenida al equipo y comenzó la reunión pidiendo información actualizada. Cada líder compartió los avances que había logrado en sus objetivos. Ruth escuchó y tomó notas. Nadie hizo preguntas ni habló de la forma en que su trabajo influía en los demás miembros del equipo de forma transversal. Tampoco hablaron de los retos difíciles a los que se enfrentaban. Cada uno se centró en sus propias responsabilidades, sin hablar de cómo sus progresos (o la falta de ellos) repercutían en los objetivos y el éxito generales. Solo hicieron aportaciones unilaterales en las que cada directivo marcaba sus puntos para terminar la reunión y poder seguir con su jornada.

Cuando el vicepresidente de Recursos Humanos terminó su presentación, se oyó la voz de Paula antes de que la siguiente persona pudiera empezar. Se disculpó por llegar tarde y, fuera de cámara, anunció que daría su opinión al final.

La reunión continuó, pero la frustración de Ruth fue en aumento. No entendía por qué Paula llegaba tarde y parecía desentenderse de la reunión. Escribió una nota para ponerse en contacto con ella en privado más tarde y siguió escuchando al resto del equipo. Miró a su alrededor y se dio cuenta de que todos tenían los ojos apagados. «¿Cuándo se había perdido la chispa de este equipo? ¿Por qué parecía que no sentían pasión ni determinación?».

Al terminar la reunión, Ruth sintió ganas de llorar. Era una mujer fuerte, pero últimamente esa fuerza se estaba poniendo a prueba y parecía que su confianza flaqueaba. Su empresa se estaba desmoronando y se sentía impotente para hacer algo al respecto. A su equipo ya no le importaba ni su trabajo, ni el de los demás, y nada de eso podía suceder en peor momento. Ruth sacudió la cabeza. «¿Por qué me dejan sola ahora?», pensó.

El ascensor

Cuando se marchó a comer después de la reunión de la mañana, se quedó de pie frente al ascensor pensando en lo frustrante que había sido la reunión por la apática actitud de su equipo. Por fortuna, su encuentro del mediodía se había cancelado, así que no necesitaba quedarse a trabajar durante la comida como de costumbre. Continuaba sumida en sus pensamientos cuando las puertas del ascensor se abrieron y se encontró cara a cara con Paula. Se miraron un momento. Aunque Paula parecía la de siempre, tenía una energía diferente. Ruth intentó mantener el contacto visual, pero Paula desvió la vista. Le preguntó si podía comer con ella. Paula sonrió amablemente, pero rechazó la invitación. Aun así, le prometió que contactaría con ella más tarde.

Antes de que se cerraran las puertas del ascensor, pudo verla entrar en el despacho de Mitch, el vicepresidente de operaciones, cuyo equipo estaba retrasado en las entregas para el lanzamiento del nuevo producto. Ruth pensó que Paula iba a ofrecerle orientación y apoyo. Debía preguntarle sobre este asunto cuando hablaran.

21

Turbulencia

Capítulo 2

Transparencia

La primera sorpresa

Ruth se sentó en su escritorio y esperó. Había reservado la única hora disponible en la agenda de Paula. Estaba frustrada porque no llegaba a tiempo a la reunión, prevista para la cinco de la tarde. Cuando el reloj marcó las 17:05, Ruth suspiró y se levantó para ver si Paula seguía en su despacho. Justo en ese instante, se abrió la puerta y entró Paula disculpándose por el retraso, la cerró y se sentó en una de las sillas frente al escritorio.

Ruth pensó que aquello era un poco raro. Por lo general, Paula no cerraba la puerta, pero quizá tuviera algún tema confidencial que discutir, lo que no sería extraño teniendo en cuenta la planificación del lanzamiento del nuevo producto. El equipo de BBDI no quería que la competencia se enterara de la información sobre el producto ni de la fecha de su lanzamiento oficial. Tal vez esa era la razón de la reunión a puertas cerradas.

Mientras Ruth esperaba a que Paula se acomodara, se dio cuenta de que llevaba una ropa diferente a la de la mañana. A primera hora, al salir del ascensor, vestía un traje pantalón azul marino, y ahora vaqueros y una sudadera con capucha y el logotipo de la empresa. Ruth la miró mientras se preparaba para tener una conversación difícil sobre lo dispersa que había estado Paula últimamente. Sabía que iba a ser complicado decirle que estaba fallando, pero tenía que hacerlo.

Paula comenzó a hablar antes de que Ruth pudiera decir nada.

—Ruth, no me resulta fácil decir esto, pero quería decírtelo cuanto antes y en persona. Estoy dimitiendo de BBDI y mi último día de trabajo será dentro de dos semanas a partir del próximo lunes.

—Me sorprende oír eso —contestó Ruth estupefacta. Sabía que algo iba mal, pero no esperaba que fuera a dimitir ni que fuera a suceder algo así—. ¿Me puedes decir por qué?

Paula miró a Ruth y sacudió ligeramente la cabeza. Llevaban más de siete años trabajando juntas. Se habían apoyado mutuamente a través de muchos altibajos personales y profesionales.

—Mi hijo lleva enfermo más de seis meses y tú ni siquiera lo sabes —contestó Paula—. Has estado tan centrada en la venta de la empresa que no nos comunicamos, no has tenido tiempo para mí. Esperaba que las cosas cambiaran, pero cada vez ha ido a peor. Cuando intentaba hablar contigo, lo único que hacías era hablar del lanzamiento del producto, de tus propios sentimientos y de tus problemas familiares y de negocio, pero nunca me escuchabas. Estoy muy agradecida por todo lo que me has enseñado a lo largo de estos años y por las oportunidades que me has brindado, así que espero que tengamos un final profesional. Ha quedado claro que ya nadie importa, ni yo ni el equipo. No hay ninguna flexibilidad y debo estar en la oficina todo el tiempo. No podemos hacer nuestro mejor trabajo en un entorno con tanta falta de confianza, sobre todo dentro de la dirección de la empresa. Todo el mundo lo ve y eso daña nuestra cultura de trabajo y nuestra moral.

Tras una pausa continuó:

—No debería hablar por nadie más, así que retiro lo dicho. Quiero que sepas que para mí no es fácil marcharme, pero ya no siento que trabajemos como un equipo, sino que todo gira en torno a ti y a la venta. Deseo seguir adelante y recordar los buenos tiempos. Tengo un hijo al que cuidar y sabes que siempre te desearé lo mejor.

Ruth no sabía qué decir. Se sorprendió e intentó entender lo que Paula había dicho. Valoraba mucho su relación profesional y personal con ella y no deseaba hacerle más daño. Sabía que debía pensar antes de seguir hablando del tema. «¿Por qué sucede esto ahora, después de todo lo que he hecho por ella?», se preguntó. Pero se contuvo para no expresar ese pensamiento en voz alta y lo que dijo fue:

—Sé que has estado pensando en esto y quiero hablar contigo un poco más antes de tomar una decisión. ¿Podrías darme un tiempo para organizar mis pensamientos y continuar nuestra conversación mañana por la tarde? Eres importante para mí y también lo es tu familia, y me gustaría reflexionar un poco antes de terminar esta conversación.

—De acuerdo, podemos vernos mañana para terminar la conversación. Comprendo que quieras reflexionar sobre lo que te he dicho, pero también quiero que sepas que no me harás cambiar de opinión. Es algo que veía venir desde hace tiempo. Cada día vamos de mal en peor. Continuaremos mañana, aunque ahora me gustaría preparar mi renuncia para dentro de dos semanas, contando a partir del próximo lunes. Hasta mañana, no pienso decir nada a nadie más —contestó Paula tras una pausa para tomar aire.

Se levantó y se volvió junto a la puerta, mientras Ruth aprovechaba para decir:

—Gracias por darme algo de tiempo para digerir lo que me has dicho. Te lo agradezco, significas mucho para mí y para la empresa. Al igual que tú, deseo que nuestra relación siga siendo positiva. Hasta mañana.

Paula le importaba, pero en su interior no dejaba de preguntarse cómo podía hacerle esto. Por supuesto, últimamente se había centrado en el lanzamiento del producto. También tenía mucho que hacer con su marido y sus cuatro hijos. Ellas habían trabajado juntas durante los últimos siete años para llegar hasta este punto y, para ser sinceras, ahora mismo este lanzamiento era lo más importante de su vida. No era el momento de abandonar el barco, sino de reponerse y seguir adelante.

Ruth bajó la mirada hacia sus manos temblorosas. El movimiento fue lo suficientemente fuerte como para hacer que el portátil se moviera un poco sobre su escritorio, difuminando todas las reuniones de su calendario en una imagen que parecía una colorida olla de agua hirviendo.

Capítulo 3

La verdad

El aparcamiento

Ruth subió en el ascensor hasta el aparcamiento. Había intentado centrarse en su trabajo después de la reunión con Paula, pero no era capaz de responder a los correos electrónicos del resto del equipo directivo y de la junta directiva. No podía dejar de pensar en ella ¿Cómo explicaría la marcha de su presidenta justo antes del lanzamiento del nuevo producto?

¿Qué pensarían el resto de los miembros del equipo sobre su liderazgo?

¿Qué efectos tendría eso en su posición ante la junta?

Debía minimizar los daños y protegerse. Sabía que tenía que hacer cambios, pero desconocía los pasos que debía seguir. Una de las cosas que haría inmediatamente sería ordenar que todos los altos cargos de dirección trabajaran en la oficina. El trabajo a distancia tenía que terminar. Creía que esa era una de las principales razones por las que el desempeño del equipo se estaba viendo afectado y ella iba a ponerle fin lo antes posible. Necesitaba ver a todo el mundo trabajando en la sede para saber si realmente estaban poniendo todo su empeño para que la venta de la empresa fuera un éxito.

Ruth atravesó el aparcamiento hacia su coche y pulsó el mando para abrir las puertas, pero no escuchó el sonido habitual que indica que las puertas se han desbloqueado. Volvió a pulsar el botón y tampoco pasó nada. Se acercó más a la puerta e insistió. Nada de nada.

Mientras se preguntaba qué hacer, un pequeño coche, con una baliza lumínica intermitente y un cartel que ponía «Seguridad» en el lateral, se detuvo detrás de ella:

—¿Puedo ayudarte? —le preguntó un rostro sonriente a través de la ventanilla.

Ruth se volvió hacia el coche y dijo:

—Intento entrar en mi coche para irme a casa, pero parece que mi mando no funciona.

—Eso es frustrante. Déjame ver qué puedo hacer.

La mujer se bajó del coche y se acercó a Ruth. Le tendió la mano y le dijo:

—Me llamo Teresa, pero puedes llamarme «T». Mi trabajo consiste en mantener a todo el mundo a salvo en este edificio.

—Muchas gracias por tu ayuda. Espero que no sea nada demasiado grave —respondió Ruth.

T le pidió el mando para volver a probar el botón de desbloqueo. No pasó nada. Entonces dijo:

—Ya he visto esto antes. Cuando se agotan las baterías, todo deja de funcionar. Debemos comprobar las pilas del mando y la batería del coche. Apuesto a que una de ellas será la culpable.

T se dirigió a la parte delantera del coche para mirar bajo el capó y le pidió que activara la opción de llave manual. Ruth comprendió lo que T le pedía y se reprochó no haber recordado antes la existencia de esa función. Su mente estaba tan ocupada con todo lo que ocurría en la empresa y con su equipo que hasta las acciones más pequeñas le suponían un reto.

Su entrenador de voleibol en la universidad le había inculcado que el desorden mental creaba caos en las ideas y perjudicaba la ejecución eficaz, y ella estaba en su punto más álgido de caos y desorden. «Respira», se dijo a sí misma mientras inhalaba y exhalaba profundamente.

Logró abrir la puerta con la llave e intentó arrancar el coche con el contacto manual, pero tampoco lo consiguió. Pulsó el botón del panel de control para abrir el capó y que T pudiera echar un vistazo. A través del retrovisor, vio como sacaba unos cables del coche de seguridad y se acercaba a su coche para conectarlos a su batería.

—Lo que pensaba —dijo T—. La batería está muerta. Probablemente podamos hacerla funcionar, pero tendrás que comprar una nueva.

Ruth se preguntaba cómo podía saber que la batería estaba muerta con solo mirarla, pero estaba tan cansada que no le importaba.

—Gracias, T. ¿Puedes ayudarme a poner esto en marcha para poder llegar a casa y averiguar cómo conseguir que la cambien?

—Por supuesto que puedo. Estoy aquí para ayudar. Esa es una de las cosas que adoro de este trabajo. La gente cree que solo voy por ahí en mi coche de seguridad intentando pillar a la gente que hace las cosas mal. Pero lo que más me gusta es ayudar a solucionar los problemas. Sé que tú y el resto del equipo de BBDI lleváis meses trabajando sin descanso y tenéis mucho trabajo con el lanzamiento del nuevo producto.

Ruth se sorprendió al oírla mencionar el lanzamiento del producto. Era información confidencial, pero ahora solo se sentía agradecida de que alguien la ayudara.

Una vez conectados los cables y puestos en marcha ambos vehículos, solo faltaba esperar a que se cargara la batería del coche.

Ruth respiró profundamente, salió del coche y se acercó al de T para darle las gracias. Le preguntó:

—¿Cuánto tiempo llevas trabajando aquí?

—Diez años. Estaba ya cuando llegaste con tu equipo hace seis. Recuerdo lo contenta que me puse porque habíamos conseguido ocupar todas las plantas del edificio —respondió T.

Ruth se sorprendió de no haberla conocido antes, pero, antes de que pudiera decir nada, T le dijo:

—He disfrutado viendo crecer a tu equipo y a tu empresa. Ha sido un honor proteger a todos.

Ruth se sintió un poco incómoda por no saber más sobre T y su trabajo. Debía de estar haciendo una gran labor, porque nunca habían tenido ningún problema de seguridad ni de protección. T dijo:

—Deberíamos dejar que la batería se cargue unos minutos más. Mientras esperamos, podríamos sentarnos en uno de los bancos que hay junto al ascensor.

Aunque no quería demorarse más, confiaba en que T sabía lo que hacía, así que obedeció y la siguió hasta el banco.

El banco

T se sentó y le hizo un gesto para que se uniera a ella en el banco metálico situado junto a las puertas del ascensor.

Ruth nunca se había sentado allí y pudo ver cómo los últimos rayos del sol poniente atravesaban los espacios entre los muros de hormigón.

Sintió una calma y una paz desconocidas hasta entonces y se preguntó por qué nunca se había fijado en la hermosa vista del cielo que se divisaba desde ese lugar. Cada día aparcaba en la misma plaza reservada. Supuso que se debía a que siempre estaba distraída con las tareas de la empresa. Su mente siempre iba muy deprisa cuando entraba en la oficina por la mañana y aún más cuando salía del edificio por la noche. T le preguntó:

—¿Cómo van las cosas con tu equipo?

No estaba segura de querer compartir la tensión que rodeaba la dimisión de la presidenta de su empresa, pero decidió que T debía conocer la verdad después de todos estos años protegiendo el edificio y, por tanto, al equipo.

—Bueno, hace tiempo que las cosas no van bien, pero hoy se han agravado. Mi presidenta ha dimitido y no me lo esperaba. No he conseguido que el equipo directivo rinda al máximo y parece que todos se están distanciando de mí.

—Paula ha dimitido. No puedo decir que me sorprenda, con todo lo que está pasando con su hijo y las largas horas de trabajo con el lanzamiento del nuevo producto —respondió T.

Ruth se quedó atónita por segunda vez. «¿Cómo sabía lo del hijo de Paula?».

—Siempre que puedo, hablo con Paula y con el resto del equipo. Me gusta saber cómo les va a todos, sobre todo si me percato de que les preocupa algo. Es bueno escucharlos para ver si puedo ayudar de alguna manera —explicó—. Si lo deseas, puedo ayudarte. No es por prejuzgar, pero me da la impresión de que vas muy concentrada cuando entras y sales del edificio. Sé que tienes muchas cosas en mente pero ahora es un buen momento para decirte algo que quería preguntarte desde hace mucho tiempo: ¿hay algo que pueda hacer por ti, Ruth?

Ruth no estaba segura de lo que estaba pasando. ¿Acaso la experta en seguridad del aparcamiento intentaba enseñarle a gestionar su negocio y a su equipo directivo? ¿Quién sería el siguiente, el conserje del edificio? De repente, se sintió como si estuviera viviendo una de las fábulas empresariales que había leído mientras ascendía en el mundo laboral. Eran alentadoras e inspiradoras y la habían ayudado a superar momentos y situaciones difíciles, pero esta era la vida real y no sentía que necesitara la ayuda de una vigilante de seguridad.

Se volvió hacia T y le dijo:

—Gracias por tu amabilidad, pero realmente necesito llegar a casa y solucionar algunas cosas. Vamos a comprobar la batería para que pueda irme —se levantó y se dirigió a su coche.

Cuando T desenchufó los cables, le dio las gracias por su ayuda, salió a toda prisa del aparcamiento y se fue a casa, a pensar en su incierto futuro.

El ajuste de cuentas

Aquella noche, mientras su marido y sus hijos dormían, se sentó en el sofá con una copa de vino y pensó en T y en lo amable que había sido al ayudarla. Las palabras «Si lo deseas, puedo ayudarte», rondaban su mente. Tal vez tuviera razón y pudiera ayudarla. Su madre siempre le decía que todo el mundo es un maestro y que, si estás dispuesto a aprender, todos te enseñarán algo valioso. ¿Se había vuelto tan cínica y endurecida que pensaba que T no tenía nada valioso que aportar?

¿El orgullo le impedía tener éxito y la estaba llevando al desastre? No tenía por qué haber salido corriendo. Podría haberse tomado cinco minutos para escuchar a T, ya que era muy consciente de que es imposible saberlo todo. Además, había muchos miembros de su equipo que confiaban en ella, así que estaba claro que era alguien con quien valía la pena conversar. Ruth estaba agotada, cansada de tanta confusión. Nada de lo que hacía funcionaba, así que quizá el problema era ella misma. Se levantó, se dirigió al cuarto de baño, cerró la puerta y se miró en el espejo: «¿Dónde te has metido, humilde guerrera? ¿Por qué solo piensas en ti misma?».

Empezó a llorar y le habló desesperadamente a la imagen del espejo. «¿Qué voy a hacer? No sé qué hacer». Sabía que necesitaba cambiar algo y que le vendría bien toda la ayuda posible. En ese momento, algo pasó y su orgullo cedió, mientras desaparecía su necesidad de controlarlo todo. Se sintió abierta y dispuesta a escuchar. Deseaba salir adelante. Solía preocuparse por los demás, pero en algún momento había empezado a pensar solo en sí misma. ¿Por qué T no podía ayudarla?

Decidió visitarla en el aparcamiento antes de entrar en la oficina por la mañana y decirle que estaba abierta a escuchar sus ideas y que estaría encantada de recibir cualquier ayuda que pudiera proporcionarle. Fue a la cocina, sacó comida del congelador y la metió en la nevera para que su marido y sus hijos pudieran desayunar al día siguiente. Sabía que se marcharía antes de que se levantaran y deseaba demostrarles su amor y colaborar con ellos. Ruth y su marido formaban un gran equipo, pero era consciente de que no se había implicado lo suficiente en casa a medida que aumentaban las presiones en la empresa. «Dios mío —se preguntó—, ¿estoy haciendo algo bueno en este momento?». Todo debería volver a ser como antes y para ello necesitaba probar un camino diferente. Estaba realmente preparada para lo que T tuviera que decirle. Volvió al sofá, se tumbó y se fue a dormir con la ropa puesta. A la mañana siguiente, cogió un VTC para ir a trabajar mientras le cambiaban la batería en el taller. Cuando entró en el aparcamiento, encontró a T arrodillada junto a un coche tomando nota del número.

—¿Qué estás haciendo? —preguntó.

—Es un coche nuevo, no lo había visto antes —dijo T—. Solo me estoy asegurando de que todo está bien. Vuestra seguridad es mi máxima prioridad.

—Te lo agradezco —respondió Ruth—. Me preguntaba si podríamos terminar nuestra conversación de ayer. Sé que salí corriendo de aquí y ojalá me hubiera quedado a escucharte cuando me ofreciste ayuda.

—No pasa nada —contestó T—. Sabía que estabas tensa y estresada. Me alegro de que hayas venido a verme. Sentémonos en un banco a conversar un poco.

Decir la verdad con amor

T miró a Ruth fijamente a los ojos y le dijo:

—Necesito ser transparente contigo, totalmente sincera. Y te lo digo porque me importas. Creo que has cometido algunos errores en los últimos meses. Sabes lo que significa ser transparente, ¿verdad? Significa dejar pasar la luz para ver con claridad lo que hay detrás. Para detectar los problemas de tu equipo y avanzar, debes saber la verdad.

Ruth se quedó atónita al ver que la vigilante de seguridad parecía saber más que ella sobre su equipo. Aunque le costaba creerlo, recordó que debía mostrarse abierta, humilde y escuchar lo que T tenía que decirle. Quería que su equipo avanzara por buen camino, pero no tenía ninguna solución.

—De acuerdo, voy a escucharte. Dime qué debo saber y qué es lo que no estoy viendo —respondió.

—Tu ego se ha hecho más grande que la misión de BBDI. Tus objetivos y tú siempre vais por delante del equipo, incluso de tu vida personal y de tu familia. El miedo te hace centrarte en ti misma en vez de hacerlo en tu equipo —le dijo T mientras tomaba una de sus manos.

Ruth la miró, algo desconcertada por lo que había dicho: ¿cómo sabía de qué tamaño era su ego? ¿Cómo podía estar al tanto de que se dejaba llevar por el miedo? ¿Y lo de su familia? Todo lo que Ruth había intentado hacer hasta entonces era crear una empresa que ofreciera las mejores soluciones de innovación para ayudar al mundo a tomar buenas decisiones basadas en los datos. Mientras pensaba en ello, sintió un pequeño tirón en su interior.

Empezó con una visión sobre cómo lograr datos de mayor calidad y más accesibles para fomentar la innovación y la toma de buenas decisiones en las empresas, pero últimamente lo único que le preocupaba era cumplir los objetivos marcados por la junta directiva y vender la empresa al precio más alto posible. Su objetivo principal era que la venta fuera un éxito a los ojos de la junta y que el precio de venta le permitiera tomarse un descanso en su carrera y volver a conectar con su familia y amigos. Había dejado su vida en suspenso para lograr ese objetivo y deseaba que todos los demás hicieran lo mismo. Quería que el resto de los miembros del equipo directivo estuvieran en la oficina todo el tiempo para poder controlar lo que hacían. Necesitaba pruebas de que trabajaban duro. No podía recordar la última vez que se había sentado a escuchar a alguno de ellos o que había aceptado alguna flexibilidad en el trabajo. De hecho, expresaba regularmente su desconfianza sobre la productividad de las personas que teletrabajaban, a pesar de que muchos miembros de su equipo le decían que eso mejoraba su equilibrio entre la vida laboral y personal. Una de las personas más influyentes de su vida, su entrenador de voleibol de la universidad, siempre les había dicho que el ego no conduce a buen lugar, que te separa del resto de las personas. Desde luego, ella no se sentía integrada en su equipo y era evidente que ellos tampoco se sentían unidos a ella. Es posible que su ego se estuviera interponiendo en su camino. Quizás su equipo sentía que ya no se preocupaba por ellos. Si Paula se sentía así, es probable que el resto del equipo también.

Mientras tanto, T continuaba:

—Te digo esto para ayudarte a ver el problema con claridad y para que puedas crear soluciones. Hace falta valor para ser transparente y decir la verdad y solo funciona si se hace con amor. Me refiero al tipo de amor que implica respeto y buenas intenciones. Aunque hasta ayer no te conocía, siempre he supuesto lo mejor de ti. Cuando veía a los miembros de tu equipo cada vez más frustrados al salir y más ansiosos antes de entrar, tenía la sensación de que algún día hablaríamos y que podrías darle la vuelta a la situación. Me alegro de que por fin tengamos un momento para hablar. Ahora demos el primer paso y hagamos lo necesario para ayudar al personal a ser más valiente y mantener las conversaciones necesarias para pasar al siguiente nivel. Vamos a crear lo que yo llamo «reglas de compromiso». Las reglas de compromiso incluyen lo que tú puedes esperar de mí y lo que yo puedo esperar de ti. Estas normas nos ayudan a acercarnos cuando necesitamos mantener conversaciones difíciles sobre cuestiones importantes que significan mucho para todos.

Capítulo 4

Fichas de talento: La confianza en los equipos heterogéneos

—Muchas gracias por compartir esto conmigo, T. Siento mucho no haber tenido la oportunidad de charlar antes contigo. Valoro que te importe lo suficiente para hablarme con sinceridad. He recordado algo que mi madre me dijo hace años. Ella solía insistir en que las relaciones son lo más importante. De alguna manera, con el estrés de estos últimos meses, he perdido el rumbo. La presión de la junta directiva y mi necesidad de demostrar mi valía y capacidad han sido mis prioridades. Tal vez incluso haya sufrido el síndrome del impostor. Quizá no soy lo suficientemente capaz para lograr que esta venta se lleve a cabo. De hecho, es probable que tengas razón. Me he centrado en lo que es mejor para mí y no para los demás: ni para el equipo directivo ni para mi familia ni para el resto de las personas de la empresa.

Ruth respiró hondo y continuó.

—Antes no lo veía, pero ahora lo tengo claro. Voy a volver a la carga. Debo buscar la forma de recuperar la confianza del equipo y, para empezar, seré más flexible con respecto al lugar de trabajo, como me han pedido tantas veces. Necesito considerarlos como fichas de talento en la pantalla de un equipo heterogéneo y dejar de lado la idea de que no hacen bien su trabajo cuando trabajan desde casa. Cada ficha de la pantalla representa a un miembro único, valioso y con talento del equipo. No debo suponer que estarán menos comprometidos por estar fuera de la oficina. Si quiero que respeten mi liderazgo, debo marcar el camino —afirmó Ruth y continuó—. Hay una serie de medidas que puedo aplicar para generar confianza. Soy consciente de que no bastará con ofrecer un entorno de trabajo más flexible. Ganarse la confianza de los demás lleva un tiempo que varía de una persona a otra. Da igual si se trata de los miembros del equipo, de la familia o del consejo de administración: si no haces nada por la gente, dejarán de considerarse importantes. Las reuniones de grupo no son suficientes. No puedo descuidar al equipo y esperar que el personal se sienta valorado y relevante, así que también dedicaré tiempo a cada uno de ellos para escuchar sus preocupaciones, en vez de centrarme solo en mí. Sé lo que tengo que hacer y ahora solo me queda ponerlo en práctica. No puedo creer que haya perdido de vista lo más básico y fundamental. Me he enfocado en lo urgente en vez de en lo importante.

—Es un gran comienzo, Ruth —contestó T mientras miraba su reloj—. Me alegro de que vayas en una nueva dirección y sé que el equipo estará muy contento y se beneficiará de ello. Puedes recargarlos, pero no reemplazarlos como hicimos con tu batería. Ese es el equipo que tienes y debes lograr que den lo mejor de sí.

Ruth miró a T. Podía ver la luz del sol que atravesaba los espacios entre los muros de hormigón del aparcamiento. Había estado muy nublado durante la última semana, pero ver brillar el sol le dio una sensación de esperanza por primera vez en meses.

Le dio las gracias a T, consciente de que nada sería suficiente para agradecerle lo que había hecho por ella esa mañana. Sin duda, era un buen comienzo.

—De nada —contestó T mientras Ruth se dirigía al ascensor—. Además de lo que te dijo tu entrenador, recuerda una verdad fundamental que me enseñó mi mentor. Nadie consigue el éxito en solitario. Todos necesitamos un equipo. Míranos a ti y a mí. Si sumas nuestros nombres, obtendrás la confirmación. T + RUTH = TRUTH, que significa verdad en inglés. Recuérdalo en los próximos días, porque creo que necesitas tener más conversaciones con tu equipo. No olvides que las conversaciones difíciles no tienen por qué ser complejas. Son importantes y necesarias para crecer. Te lo explicaré con más detalle en nuestra próxima charla.

La segunda sorpresa

Cuando Ruth llegó a su despacho, encontró al vicepresidente de Operaciones, Mitch, de pie junto a la puerta. Aunque no solía esperarla allí, no le dio mucha importancia.

—Buenos días, Mitch —le dijo mientras le indicaba que se sentara frente a ella.

Entonces se percató de que Mitch había cerrado la puerta antes de sentarse.

—Intenté ponerme en contacto contigo ayer, pero, como de costumbre, tenías la agenda llena. Siento mucho darte esta noticia. Voy a dimitir de mi puesto en BBDI y no ha sido una decisión fácil. Me voy con un preaviso de dos semanas y estaré disponible una semana más después. Haré todo lo posible para que todo el equipo esté en la mejor situación posible para el lanzamiento del nuevo producto, aunque yo no formaré parte de él —dijo Mitch.

Ruth lo miró. No podía creer que aquello estuviera sucediendo y esperaba que él dijera de un momento a otro: «No tiene importancia, olvida lo que he dicho. No me voy a ninguna parte», pero nada de esto sucedió y siguió mirándola con seriedad. No parecía ni triste ni feliz. Se notaba que se sentía mal por darle esta noticia, pero sus palabras eran firmes.

—¿Puedo preguntarte por qué te marchas y por qué lo haces ahora? —inquirió Ruth.

—El mes pasado quería hablar contigo, pero estabas preparando la reunión con la junta directiva. Intenté encontrar un sitio en tu agenda, pero no lo conseguí. Solíamos reunirnos al menos una vez al trimestre para ponernos al día, pero con la planificación del lanzamiento del producto y las presiones y objetivos de la junta directiva, simplemente no ha habido tiempo. Se cancelaron todas nuestras reuniones individuales. Hace dos meses, mi mujer me dijo que me abandonaría si no priorizaba a la familia. Afirmó que había sido un padre y un marido ausente durante los dos últimos años. Ya me lo había dicho antes, pero esta vez hablaba en serio. Lo que hacemos aquí en BBDI es importante, pero mi familia lo es más. Sobre todo, ahora, que, para ser sincero, te estás centrando más en la venta y menos en nuestro equipo y en la misión que hemos tenido durante años. Siento decir esto, pero no te has dado cuenta de que el malestar ha crecido durante los últimos tiempos.

—¿Me está abandonando todo el mundo? —murmuró Ruth en voz baja.

—Lo siento. No he oído lo que has dicho —dijo Mitch.

—Nada. Solo lo decía porque estoy un poco sorprendida por segunda vez en 48 horas —respondió Ruth.

Se miró las manos que le temblaban de nuevo igual que los colores de la reunión en la pantalla de su portátil.

—Mitch, te agradezco que hables conmigo y me gustaría tener la oportunidad de hacerte cambiar de opinión —señaló.

—Ruth, llevamos tiempo en el camino equivocado y necesito cambiar de rumbo para proteger mi matrimonio, mi familia y mi salud. Presento formalmente mi preaviso de dimisión y haré todo lo que esté a mi alcance para garantizar el éxito del lanzamiento del nuevo producto. Podemos discutir cómo se lo comunicamos al equipo y a nuestros clientes mañana. Hoy debo cumplir con algunas tareas relacionadas con el lanzamiento del producto, así que fijemos otro encuentro para hablar sobre el preaviso de mi marcha.

—De acuerdo, Mitch. Anotaré la fecha en nuestros calendarios, pero, por favor, mantén la confidencialidad hasta entonces —dijo Ruth.

—No te preocupes. Puedes confiar en mí —respondió Mitch.

El ego

Ruth se sentó, dio la vuelta a su silla y observó las nubes a través de la ventana. Recordó la esperanza que había sentido en el aparcamiento antes de entrar en la oficina y le pareció sentir que se la arrancaban poco a poco, conversación tras conversación y dimisión tras dimisión.

¿Qué había sucedido?

No estaba preparada para otra sorpresa y ya estaba aquí.

¿Había puesto realmente sus objetivos y su propio bienestar por delante del equipo, de su familia y de las familias de los integrantes de su equipo? ¿Había olvidado sus vidas y sus prioridades en favor de su ambición de vender la empresa, contentar a la junta directiva y cerrar un acuerdo excepcional? Hablando de la junta directiva, con dos dimisiones clave dentro de su equipo ejecutivo en vísperas del lanzamiento de su producto más importante, se preguntaba qué pensarían de su liderazgo: ¿le pedirían que dimitiera o simplemente la despedirían? Si no era capaz

Fichas de talento: La confianza en los equipos heterogéneos

de solucionar los problemas de su equipo, sin duda perdería su apoyo. Ahora la prioridad era recuperar la confianza en sí misma e intentar algo nuevo.

Reprodujo su conversación con T mientras miraba por la ventana. Se dio cuenta de que su batería agotada había sido una bendición encubierta, ya que había tomado un camino equivocado y necesitaba una nueva estrategia para avanzar. Si podía evitar que Paula y Mitch se fueran y lograr que el equipo se implicara más, podría darle la vuelta a la situación. No era demasiado tarde si lograba mantener intacto a su equipo.

Se tomó un respiro para apuntar en su agenda de cuero las cosas que T le había dicho. Sabía que lo necesitaría para la conversación que tenía prevista con Paula más tarde ese mismo día.

Cuando hubo anotado todos los elementos de la conversación en su diario, se dio cuenta de que las iniciales de los distintos puntos formaban el acrónimo «EDARRR».

«Interesante», pensó Ruth. El consejo de T brillaba como una estrella en la página de su agenda. Reavivó su esperanza mientras examinaba atentamente sus notas.

La «E» significaba «Ego pequeño, gran misión». Se trataba de que el NOSOTROS es más grande que el yo. Había permitido que su yo se antepusiera al NOSOTROS (su equipo) y ahora estaba sufriendo las consecuencias, el cambio tenía que empezar por ella y eso sería lo primero que resolvería cuando hablara con Paula. Hablando de Paula, conocía la importancia de la «D», que significaba «Decir la verdad para mejorar juntos» y eso es lo que había hecho Paula cuando le contó a Ruth por qué dimitía; dijo la verdad y, aunque fue duro oírla, tenía razón. Solo necesitaba encontrar la manera de que, como equipo, hablaran con la verdad antes de realizar cambios tan drásticos, como dimitir. Observó sus notas en la agenda y el resto de las letras de EDARRR y pensó en su significado. Pensó que pronto lo compartiría con Paula y con todos los demás. Esto servirá para mejorar las cosas y no creo que sea demasiado tarde.

La conversación

Ruth estaba ya preparada cuando Paula llegó para la reunión de esa tarde. Tenía las notas delante y estaba lista para escuchar.

Salió de detrás de su escritorio y pidió a Paula que se sentaran en la pequeña mesa de la esquina de la sala, junto a la ventana y la pizarra. Había decorado esta parte de su despacho para fomentar la colaboración y deseaba que Paula pudiera apreciar todo su lenguaje corporal mientras hablaban, en lugar de estar separadas por un escritorio.

Le preguntó si le parecía bien que empezara ella y Paula respondió que no había problema.

Justo cuando estaban a punto de comenzar, el resto de los miembros del equipo llamaron a la puerta del despacho de Ruth y entraron de uno en uno. Todo el equipo directivo estaba en la oficina. Los ocho miembros del equipo directivo de BBDI solían reunirse solo para las reuniones de los miércoles por la mañana. Esto era algo extremadamente inusual, pero los dos últimos días habían estado llenos de sorpresas.

—Creo que deberíamos hablar todos juntos —empezó Mitch.

Los demás asintieron con la cabeza.

Ruth no estaba segura de qué hacer, pero vio cómo acudían a su mente las palabras que había escrito en su agenda de cuero.

Sabía que había llegado el momento que la ayudaría a descubrir la verdad que se escondía tras los problemas de su equipo para que brillara la luz. Ella se preocupaba por ellos y por la empresa y deseaba hacer lo mejor para los implicados.

—Me parece una buena idea, Mitch —dijo Ruth.

Y continuó:

—Gracias a todos por reunirse para hablar. Vamos a traer sillas suficientes para que podamos sentarnos todos juntos.

Una vez que tuvieron las sillas, las dispusieron en círculo.

—No quería faltar a mi palabra, Ruth —dijo Mitch—, pero esta mañana he recibido la dimisión de alguien de mi equipo y estaba preocupado. Fui a hablar con Melissa al respecto y me contó que ella también tenía una dimisión en su equipo y que estaba pensando en marcharse.

Melissa, la asesora general de la organización, era una persona muy talentosa y Ruth vio que la miraba con tristeza.

—Nos preocupamos por ti y por la empresa y hemos querido tener una conversación difícil —volvió a intervenir Mitch, mientras continuaba—. Últimamente, lo único que hemos hecho ha sido actualizar nuestras listas de tareas pendientes y cumplir con las exigencias de la junta directiva. Hemos perdido de vista nuestra visión compartida y nuestro primer propósito de crear productos que ayuden a tomar mejores decisiones. No lo hemos hablado entre nosotros ni con el personal a nuestro cargo. Nuestra cultura de trabajo se ha resentido y hemos dejado de dedicarle tiempo a decir la verdad y a centrarnos en lo que más nos importa: nuestras relaciones. Necesitamos mantener conversaciones regulares y decirnos la verdad como equipo.

Ruth se sorprendió por tercera vez. No podía creer lo que Mitch estaba contando. En esta imprevista reunión de equipo, como las que que hacía tiempo que no se celebraban, estaban saliendo a la luz todas las verdades reveladas en las últimas 48 horas. Incluso Paula parecía aliviada.

—En primer lugar, quiero decir que lo siento —aclaró Ruth mientras asentía con la cabeza y se le humedecían los ojos—. En segundo lugar, quiero daros las gracias a todos por tener la deferencia de decirme la verdad. Tenéis razón. Necesitaba oír esas verdades que me habéis contado Paula y tú, y la que estáis compartiendo ahora. Debemos ser honestos entre nosotros en las reuniones y dedicar tiempo de nuestro trabajo a nuestras relaciones personales. Sé que llevará algún tiempo, pero me gustaría pediros otra oportunidad.

Levantó su agenda de cuero y se la mostró al grupo.

—Creo que estas letras y este modelo pueden salvar a nuestra empresa y ayudarnos a cumplir nuestra misión —explicó—, empezando por reducir nuestros egos y priorizar nuestra misión, especialmente yo. Por desgracia, con toda la presión y las expectativas de la junta, mi ego creció y mi misión fundamental pasó a un segundo plano. Os pido disculpas y espero que me perdonéis. Esta «D» significa: «Decir la verdad para mejorar juntos», algo que Mitch acaba de hacer en el momento perfecto. El hecho de que todo esto esté sucediendo ahora no es una coincidencia, y no podremos mejorar como individuos y como equipo a menos que

Fichas de talento: La confianza en los equipos heterogéneos

digamos la verdad. Por tanto, cuando mantengamos este tipo de conversaciones, debemos aplicar la «A»: «Asumir una actitud positiva».

Evitemos ignorarnos unos a otros para suponer lo peor. Desafiémonos, pero hagámoslo asumiendo siempre lo mejor. No tomemos las cosas como algo personal. Aceptemos que todo el mundo quiere lo mejor para la empresa y el equipo.

Y continuó:

—Veo que por eso estáis todos aquí ahora y, repito, siento mucho todo lo que he hecho mal para que llegáramos a este punto. Pero sé que me habéis hecho mejor persona y os prometo que en el futuro seré una mejor líder y compañera de equipo.

Se levantó, se acercó a Paula, le puso la mano en el hombro y le preguntó:

—¿Quieres quedarte y terminar lo que hemos empezado? No quiero hacer esto sin ti.

Luego miró a Mitch y dijo:

—Tampoco tienes que irte. No tendrás que elegir entre el trabajo y la familia. Puedes hacer las dos cosas y podemos hacerlo juntos —su tono denotaba expectación—. ¿Te quedarás para terminar juntos nuestra misión?

Mitch y Paula se miraron entre sí y luego a Ruth, en realidad no deseaban marcharse. Durante los últimos meses habían sentido que no les quedaba otra opción, pero ahora, gracias a la honestidad, la vulnerabilidad y el compromiso de Ruth, sentían que quedarse era la única opción. Ambos asintieron y dijeron al unísono:

—Sí, nos quedaremos.

Ruth exhaló un suspiro de alivio:

—Gracias, gracias —dijo, alzando la voz al darse cuenta de la importancia del momento y de su decisión—. ¡Estoy emocionada, equipo!

Apretó el puño y lo sacudió en el aire mientras todos sonreían. Respiró profundamente y miró a Melissa:

—Me alegraría oír también tus preocupaciones y, sean cuales sean, podremos solucionarlas. Lo comprendo. Os escucho. Las cosas van a ser muy diferentes de ahora en adelante —continuó mirando a todos los presentes.

Volvió a levantar su agenda y anunció:

—Esto es lo que pueden esperar de mí. Utilizaremos este modelo y nos reuniremos mañana a primera hora e implementaremos la primera «R» de EDARRR para crear unas reglas de compromiso que garanticen que mantengamos las conversaciones que hagan faltan y fortalecernos juntos.

Por hoy, decidid si preferís iros a casa o seguir aquí trabajando en el lanzamiento de nuestro nuevo producto. Mañana volveremos a reunirnos para iniciar esta nueva etapa. En las próximas semanas, me diréis si estoy acertando o no y, por supuesto, podréis marcharos si lo consideráis oportuno. Pero creo que lo mejor está por llegar y me gustaría poder demostrarlo en los próximos noventa días. Os daré la flexibilidad y la confianza necesarias para trabajar donde consideréis que sea más productivo, tanto para vuestro éxito personal como para el de vuestros equipos.

Aunque todos sonreían, aún parecían cautelosos y Ruth no estaba segura de que, una vez pasada la emoción de la reunión, Mitch y Paula se quedaran. Sintió que tenía la oportunidad de cambiar la situación del equipo, de la empresa y de las familias de todos los miembros del equipo directivo, así como de sus seres queridos.

Antes de que salieran de su despacho, les pidió que no mantuvieran más reuniones ese día. Mañana seguirían hablando todos juntos, compartiendo verdades como un equipo. Sin agendas. Sin secretos. Solo las verdades que todos necesitaban oír para mejorar, incluida ella. Cuando la última persona abandonó su despacho, miró su agenda y comenzó a hacer planes para la reunión del día siguiente.

Lidiar con elefantes

Esa noche, mientras veía con su familia un partido de voleibol de la hija de una compañera de la universidad, recordó la vez que su entrenador puso una pequeña estatua de un elefante en su escritorio y le dijo al equipo que ningún elefante podría sabotearlos. Entonces no entendieron qué relación podía haber entre los elefantes y el voleibol, así que les explicó que los elefantes eran una metáfora de los problemas no resueltos o de las dinámicas que podían sabotear al equipo si no se resolvían. Los elefantes podían ser compañeras que no estuvieran a la altura de las expectativas del resto del equipo, el egoísmo, los grandes egos, los desacuerdos del pasado sin resolver y cualquier otro problema que pudiera dividir al equipo. Cada vez que una jugadora entraba en el despacho del entrenador, veía la pequeña estatua del elefante sobre el escritorio que le recordaba que debían ocuparse de los problemas no resueltos como equipo. El entrenador terminó llevando el elefante a los entrenamientos. Ruth sabía que esa era una de las razones por las que habían ganado varios campeonatos. Estaba agradecida por este recuerdo positivo y se le ocurrió una gran idea sobre cómo dirigir su próxima reunión. De camino a la oficina, se detuvo en una de esas tiendas que venden todo tipo de cosas y encontró justo lo que estaba buscando.

No era el elefante perfecto, pero de momento serviría. Simbolizaría que, a partir de ahora, darían lo mejor de sí mismos, serían completamente honestos y resolverían cualquier problema que les impidiera ser efectivos.

Capítulo 5

Confianza

La reunión

Cuando Ruth entró en la sala de conferencias, se sorprendió al ver a todo el equipo reunido. Aunque le habría gustado que algunos se conectaran por Internet, le animó ver que todos consideraban este momento lo suficientemente importante como para estar presentes. Sabía que una reunión virtual tenía sus ventajas y podía ser útil y productiva si se hacía bien, implicando a las personas, pero creía que las reuniones cara a cara fomentaban más la comunicación y el intercambio.

Se sentó y colocó la pequeña estatua de un elefante sobre la mesa. Algunos miembros del equipo sonrieron mientras Ruth decía:

—Equipo, a partir de ahora vamos a tener que lidiar con elefantes en nuestra oficina, en nuestro equipo y en nuestra empresa. Vamos a plantear los problemas y a mantener conversaciones como la de hoy con mucha más frecuencia. Las conversaciones difíciles no tienen por qué ser complejas.

Entonces se levantó, cogió un rotulador y escribió en la pizarra:

«Verdad»

«Confianza»

«Transformación»

«Tiempo»

Y continuó:

—Cuantas más conversaciones como esta tengamos y más pongamos en práctica el modelo que voy a compartir, mejores serán nuestros futuros intercambios. Cuanto más nos expresemos con la verdad, más confianza generaremos. Verán que, con el tiempo, seremos más fuertes y mejores como equipo y, por lo tanto, estaremos más cerca de la tranformación que deseamos.

A continuación, expresó su apoyo y agradecimiento a cada uno de ellos por su contribución a esta misión colectiva y al propósito superior: el BBDI, e invitó a todos a seguir trabajando juntos para avanzar hacia el futuro.

—Y, hablando del futuro, empieza ahora —declaró Ruth mientras escribía «EDARRR» en la pizarra—. Empecemos con algunos de los elefantes. ¿Quién quiere ser el primero? ¿Qué otra cuestión no resuelta debemos solucionar para que deje de ser un obstáculo? Sé que ayer hablamos de los escollos y problemas que he creado y, como pueden ver, eso ya nos está ayudando a mejorar, pero ¿qué más debemos resolver?

—Gracias por darnos la oportunidad de hablar, Ruth —dijo Thomas mientras se ponía en pie—. Llevo mucho tiempo queriendo decir esto. Ser el director técnico de una empresa que lanza un nuevo producto es bastante estresante y también lo es que el departamento de marketing prometa más de lo que podemos asumir realmente.

Thomas alzaba la voz con cada palabra mientras se dirigía a David, el jefe de marketing, y añadía:

—No me gusta que me preguntes constantemente por los plazos, como si no los hubiera escrito ya en la pizarra, en mi ordenador e incluso en mi propia frente. Así que déjalo ya.

David se encogió de hombros, incómodo, y miró a todos sus compañeros, que le miraban preguntándose qué iba a contestar. Se levantó y gritó:

—Esto es lo que se hace con los programas informáticos, Thomas. Se prometen cosas y luego nos ponemos a trabajar para cumplirlas. Así es como Microsoft y Apple se hicieron multimillonarias. Y por eso sigo preguntándote cuál es el plazo. No lo hago para molestar. Es porque le he dicho a la industria y al mercado lo que se está cociendo, ¡y mi reputación y la de todos nosotros están en juego! No volveré a preguntar y, ahora que vamos a tener estas reuniones, mucho menos.

Cuando la sala se quedó en silencio, Ruth pensó: «Vaya, esto se está poniendo muy intenso». Sabía que debía llenar el vacío creado, así que se puso en pie y comenzó a aplaudir.

—De acuerdo, definitivamente estamos manteniendo una conversación muy necesaria. Me alegro de que expresemos nuestras preocupaciones, pero esta también es una gran oportunidad para compartir el modelo EDARRR y sus «reglas de compromiso». Cuando tenemos conversaciones difíciles, podemos hacerlas menos complejas si tenemos unas normas para no sobrepasar ciertas líneas. Por ejemplo, creo que una regla clave que debemos aplicar es evitar la carga emocional. Hay que mantener la calma y ser civilizados mientras exponemos nuestros puntos de vista y los problemas.

David levantó la mano y dijo:

—Yo voto a favor. Todos en la sala se rieron, excepto Thomas, que seguía visiblemente disgustado.

—Sé que estás molesto y entiendo que debas expresar tus preocupaciones y frustraciones por la forma en que el departamento de marketing gestiona sus asuntos y cuestiona los plazos —dijo Ruth volviéndose hacia Thomas—. Llegaremos a un consenso sobre la mejor manera de organizar el marketing y las expectativas de los productos, pero, cuando tengamos conversaciones como esta en el futuro, espero que compartas tus preocupaciones sin dejarte llevar por tus emociones. Tú expresas tu preocupación y David responde. Luego lo debatiremos para resolverlo. Ese es un gran ejemplo de «regla de compromiso», y ahora es un buen momento para hablar de otras que deberíamos poner en práctica. ¿Alguien tiene otra buena propuesta?

Melissa levantó la mano y sugirió:

—Propongo una que diga: «Nada de reuniones después de las reuniones». Con demasiada frecuencia, en las sesiones de equipo nadie dice nada y luego tenemos varias minirreuniones posteriores en las que comentamos lo que no nos gustó y lo que no se dijo. Esto significa que no expresamos nuestras ideas con claridad o que tenemos demasiado miedo a la hora de hablar. Sea cual sea la razón, esto crea división en vez de unión. Si tenemos algo que decir, es mejor hacerlo con sinceridad, como hicieron Mitch y Ruth. Hablar en el sitio adecuado o no hablar. Reunión tras reunión parecemos un grupo de cotillas de instituto. Esto no representa la cultura ni los valores de la empresa ni el tipo de liderazgo que deseamos ofrecer al resto del personal. Las únicas reuniones que deberíamos tener después deberían ser para discutir cómo trabajar juntos y ejecutar las tareas.

—Me gusta esta regla —dijo Ruth. A continuación preguntó—: ¿Alguien en contra?

Nadie levantó la mano.

—¿Estamos todos de acuerdo con poner en práctica esta «regla de compromiso»?

Todos levantaron la mano.

—Estupendo —continuó—. Pongamos algunas más, siempre podremos añadir más a medida que surjan nuevos problemas.

Paula levantó la mano y dijo a continuación:

—Yo tengo dos. En primer lugar, creo que podríamos acordar no enviarnos mensajes de texto ni correos electrónicos cuando hablemos de temas delicados. Estas conversaciones deberían ser personales o a través de algún otro medio para evitar malentendidos, algo que suele ocurrir con el correo electrónico y los mensajes de texto.

—¿Qué os parece? —preguntó Ruth.

Todos asintieron.

—Vale, estupendo —respondió Ruth—. ¿Qué más tenéis?

Paula continuó:

—Tampoco creo que debamos llamar «difíciles» a nuestras conversaciones. ¿Por qué hemos de ponerles una etiqueta negativa? ¿Qué tal si las llamamos conversaciones importantes, conversaciones de crecimiento, conversaciones para crear confianza o incluso conversaciones de negocios? Si sentimos estas conversaciones como algo positivo, las esperaremos con impaciencia en vez de temerlas. Estas conversaciones son una parte natural del trabajo y de la vida.

—Es una gran idea —dijo David—. Como decimos en marketing, siempre se trata de la historia que contamos y de lo que escucha nuestra audiencia.

A David, antiguo actor reconvertido en director de marketing, le encantaba hablar de historias y perspectivas. Para él, transformar una etiqueta negativa en una positiva siempre era una idea excelente. También comprendía el poder de la gestión mental y la percepción, y siempre estaba dispuesto a ayudar a los demás en este sentido.

Thomas se movió incómodo en su silla. David era creativo, pero Thomas era más pragmático. Por eso casi nunca estaban de acuerdo en nada. Simplemente no veían las cosas de la misma manera.

—Bueno, como siempre, debemos estar de acuerdo en que habrá discrepancias —dijo.

Y a veces será así —dijo Ruth—. No siempre tenemos que estar de acuerdo. O como en el caso de Thomas y David, puede que nunca lo estemos. Pero la clave es que tengamos estas conversaciones sobre cómo avanzar, que debatamos sobre ello y que, cuando tome una decisión (porque, como líder, a veces tengo que decidir lo que considero que es mejor), avancemos alineados y de común acuerdo. Y, en nuestras conversaciones, asegurémonos de utilizar la segunda R del modelo EDARRR y mantengamos el «respeto mutuo», incluso cuando no estemos de acuerdo. Respetemos las opiniones de los demás, incluso cuando no coincidamos en la manera de ver las cosas. En este caso, Thomas y David discrepan claramente sobre cómo denominar a estas conversaciones. A mí personalmente me gusta llamarlas «conversaciones para crear crecimiento y confianza», pero entiendo que Thomas tenga una visión diferente. Tiene una mentalidad que le hace ser un gran director técnico, pero no nos gustaría que fuera nuestro director de marketing.

Los presentes se rieron y Ruth continuó:

—David tiene una visión y una forma de pensar que le convierten en el mejor de su sector, pero sería un director de tecnología terrible. Así que tengamos en cuenta las opiniones de los demás, respetémonos mutuamente y defendamos nuestras ideas en las conversaciones con educación; aunque no siempre estemos de acuerdo, podemos mantener el respeto entre nosotros. Saldremos reforzados porque el desacuerdo es sinónimo de fuerza. Como equipo, tenemos que aprender a afrontar los desacuerdos.

—Todo gira en torno a las relaciones —añadió Mitch—. Sin respeto no se pueden mantener buenas relaciones y sin ellas no se puede trabajar en equipo.

—Me alegro de que lo digas —replicó Ruth—. Esa es la última R del modelo EDARRR y es muy importante. No perdamos nunca de vista que las «relaciones» lo son todo y no permitamos que los desacuerdos o estas conversaciones las arruinen. Perdí de vista la importancia de mi relación con todos vosotros y de las que tenéis entre vosotros, y por eso entramos en una espiral descendente. Ahora lo veo claro y de nuevo tengo que daros las gracias.

Paula intervino:

—Agradezco que lo digas, Ruth, y estoy de acuerdo contigo al cien por cien, pero, en aras de la transparencia y la verdad, debo decir algo que resulta muy difícil, pero que espero que nos sirva para avanzar. Es que, aunque aprecio lo que dices sobre tu relación con nosotros, creo que el elefante en la habitación que estamos ignorando es tu relación con la junta y la presión que ejercen sobre ti, que afecta a tu relación con nosotros. Es algo que debes solucionar y debes contar con que te respaldaremos pase lo que pase. Porque, al fin y al cabo, todos podemos estar alineados, pero si la junta no lo está, el choque será titánico.

—Siempre estaré aquí para apoyarte —dijo Mitch.

—Lo mismo digo —respondió David.

—Estoy contigo —declaró Melissa.

—Cualquier cosa que necesites, solo tienes que decírmelo —añadió Thomas.

El resto del equipo la apoyó mientras una lágrima de alivio rodaba por su rostro. Ella sabía que Paula tenía razón. Miró el elefante que tenía sobre la mesa y comprendió que su relación con la junta directiva era tensa y que se encaminaba a una ruptura si no solucionaba ese problema. Sabía que en el equipo todos tenían buenas intenciones y que eran un activo muy valioso para la empresa. Había que buscar una oportunidad que cambiara la dinámica con la junta y los beneficiara a todos.

—Vaya, Paula. Tienes toda la razón. Gracias por tu sinceridad. Es doloroso, pero es la verdad. Y gracias a todos por vuestro apoyo. Me alegra mucho que estemos todos juntos en este tren. Hagamos un descanso por hoy y pongámonos con la lista de tareas para el lanzamiento de nuestro nuevo producto. Sé lo que tengo que hacer. Necesito tener una conversación difícil, o mejor dicho, una conversación para crear confianza, con la junta directiva. Todo gira en torno a eso.

Unirse para ser mejores

Después de la reunión, el equipo trabajó unido y logró más en un día que en las semanas anteriores. Ruth convocó una reunión de emergencia con la junta directiva para el día siguiente. Estaba encantada con la cohesión y los progresos, pero temía la reunión con la directiva. Consciente de que no debía intimidarse ante la posibilidad de cambiar su forma de proceder, trabajó para afrontar la reunión con una mentalidad diferente, al igual que había hecho con su equipo. Sentada en el sofá de su casa con un cuaderno y un bolígrafo para preparar la reunión, pensó en los puntos que debía tratar y en los posibles escenarios. Se dio cuenta de que no les había contado la verdad a la junta directiva y eso era culpa suya, no de ellos. Ruth deseaba tomarse el tiempo necesario para prepararse y mantener una conversación que permitiera solucionar la situación.

Su marido y su familia habían ido al partido de baloncesto de su hijo menor y ella les había dicho esa tarde que había decidido ir a más partidos. Ruth entendía que mantener buenas relaciones en casa y en el trabajo era esencial para disfrutar plenamente de ambos ámbitos. Sabía que no era sencillo, pero que, si se priorizaban las relaciones, era posible lograrlo. También debía implementar este cambio en la junta, para dejar atrás las reuniones cargadas de «pasivo-agresividad» y egoísmo tan habituales.

Se dio cuenta de que, al fin y al cabo, debía ser valiente y dar la cara, por sí misma, por su equipo y por la misión que realmente intentaban cumplir. Debía ser firme y concisa, porque la junta no entendería bien la falta de claridad. Ella siempre había hecho las cosas a su manera, como le había parecido correcto, y ahora no era el momento de jugar a la defensiva ni de mostrarse asustada.

Examinó el modelo EDARRR que había garabateado en sus notas y decidió llamarlo EDAR³, porque era más fácil de entender y explicar, y además le parecía más atractivo y único. Pensó en las dos últimas erres: respeto y relaciones, y recordó haber leído una historia sobre Kerri Walsh Jennings y Misty May-Treanor, el mejor dúo de vóley playa de todos los tiempos. Formaban un equipo legendario que ganó varios campeonatos y, aunque a veces tenían desacuerdos, siempre se respetaban y eran conscientes de que su relación y su trabajo en equipo eran lo más importante. Decían que querían ser los mejores juntos y eso era lo que los hacía grandes. No permitían que las pequeñas cosas ni los desacuerdos se interpusieran en su camino para alcanzar su objetivo. Tenían egos pequeños y una gran misión, encarnaban el modelo EDAR³.

Esto le dio a Ruth una idea de lo que debería hacer y decir en la reunión que tenía prevista para el día siguiente. Ella y la junta tenían que convertirse en un equipo unido para crecer juntos; de lo contrario, se tendrían que buscar un nuevo líder y ella, un nuevo trabajo. Sí, iba a tener una conversación muy incómoda con la junta, pero que sería beneficiosa para su crecimiento personal.

La reunión de la junta

De camino a la oficina, Ruth se detuvo para chocar los puños con T, como había hecho todos los días desde su primer encuentro. Se había convertido en un ritual que la mantenía fuerte en su objetivo de hacer valer la verdad y crear un clima de confianza que le permitiera llevar a cabo los cambios.

—Hoy tengo que ocuparme de un gran elefante —le dijo a T.

—Puedes hacerlo —contestó T—. Si alguien puede hacerlo, eres tú. Estoy segura de que lo conseguirás.

—Ya veremos —dijo Ruth mientras se dirigía a la oficina con una gran bolsa y su portátil. Mientras entraba en la sala de conferencias para reunirse con la junta directiva, no podía evitar sentir que aquel era un gran momento. Ella creía que todos los momentos eran importantes, pero había descubierto que algunos eran más trascendentes que otros y aquel iba a ser, sin duda, uno de esos momentos decisivos en su vida. Inspiró y expiró lentamente, para disipar un poco la tensión interior. Siguió imaginando una reunión exitosa y sabía que las conversaciones que estaba a punto de mantener y la reflexión que iba a compartir tendrían un gran impacto.

Cuando entró en la sala de conferencias, algunos de los miembros de la junta ya estaban allí. Tras dejar el bolso y el portátil en su sitio, se acercó a ellos y les dio las gracias por haber acudido a pesar de haber sido convocados con tan poca antelación. Cuando todos se hubieron sentado, Ruth comenzó la reunión.

—Sé que probablemente se pregunten por qué he solicitado esta reunión de emergencia —comenzó Ruth—, pero antes de entrar en materia me gustaría que practicáramos un pequeño ejercicio.

Las miradas de los presentes le confirmaron que no era lo que deseaban hacer, pero se recordó a sí misma que debía ser valiente y que estaba bien hacer que se sintieran incómodos.

Ruth sacó un montón de balones de voleibol de su gran bolsa y se los lanzó a algunos de los miembros de la junta que estaban sentados alrededor de la mesa. Se dio cuenta de que estaban confusos e irritados, preguntándose qué relación tenía eso con la emergencia empresarial por la que se habían reunido. Con voz firme, les dio las siguientes instrucciones:

—Por favor, quien que tenga un balón que lo lance al aire con ambas manos de esta manera —indicó mientras demostraba la forma en que un colocador le pasaría el balón a un compañero para que lo rematara—. Quien lo reciba, debe pasarlo de la manera que le resulte más fácil.

Y continuó:

—Cada vez que alguien reciba un balón, debe lanzárselo con las dos manos a otra persona. Veamos cuánto tiempo es posible mantener los balones en el aire. Y, por favor, tengan cuidado, porque no queremos que nadie se haga daño.

Luego, en un tono que los conminaba a obedecer, gritó:

—¡Listos! ¡Ya!

Los miembros de la junta le concedieron el beneficio de la duda y empezaron a pasarse el balón unos a otros. En cuestión de segundos, todos los balones acabaron en el suelo. Como ella sospechaba, eran mucho mejores en los negocios que en el deporte. Uno de ellos, claramente molesto y frustrado, preguntó:

—¿Qué sentido tiene esto?

—Se lo mostraré si me da unos minutos más —respondió Ruth.

Pidió a James, uno de los miembros, que se uniera a ella en la zona más amplia de la sala y se colocara a unos metros de distancia. Cogió un balón y se lo lanzó. Él se lo devolvió y repitieron esto diez veces antes de que ella retuviera el balón y se sentara de nuevo en su asiento, indicándole a James que hiciera lo mismo.

—Ahora hagámoslo todos juntos con un solo balón —dijo en tono alentador.

Esta vez el grupo consiguió mantener el balón en el aire durante unos treinta segundos, hasta que Marlo perdió el control y el balón golpeó primero la pared y luego el suelo.

—De acuerdo, tenemos que trabajar nuestros pases, pero, en general, ha sido un gran trabajo en equipo. Me preguntaron de qué iba todo esto y quería mostrarles lo que sucede cuando hay muchos balones en el aire y no somos hábiles ni trabajamos en equipo para controlarlos todos. Luego quería mostrar lo que sucede cuando dos compañeros trabajan juntos y se concentran en un objetivo, y también lo que ocurre cuando todo un equipo trabaja unido y se centra en un fin común. Es verdad que perdimos el balón en medio minuto, pero imaginen qué pasaría si siguiéramos practicando. Con el tiempo, mejoraríamos y encontraríamos la forma de mantener el balón en el aire todo el tiempo que quisiéramos. Ese es el poder de un equipo cohesionado. Les he pedido a todos que vinieran hoy aquí porque no estamos enfocados en una única tarea: tenemos muchos balones en el aire y, como junta directiva, no estamos unidos ni trabajamos como un equipo. Si no hacemos algunos cambios ahora, ¡todos nuestros objetivos y planes de éxito se vendrán abajo como en nuestro primer intento de hacer malabarismos con todos los balones a la vez!

Ruth sabía que había dejado claro su punto de vista y que había despertado la atención de todos, pero también esperaba cierta resistencia y algunas preguntas. Para sorpresa de todos, James dijo:

—Pero el lanzamiento del nuevo producto no va bien, ¿y de quién es la culpa de que tengamos todos estos asuntos en el aire? Usted dirige esta empresa.

—Tiene razón, James. Yo soy la líder. Y asumo toda la responsabilidad. Me he preocupado más por cumplir las expectativas de la junta (que, francamente, varían según con quién se hable) y eso me ha conducido a tener aún más asuntos sin resolver. He dejado que eso me desviara de mi objetivo principal: dirigir a mi equipo y centrarme en la misión principal de esta gran empresa.

—¿Y qué piensa hacer al respecto? —preguntó Marlo mientras recogía el balón que había caído al suelo.

—Ya he empezado a hacer algo —respondió Ruth—. He tenido varias reuniones muy positivas con mi equipo y ayer conseguimos más en un día de lo que habíamos logrado en semanas. Por eso decidí que todos debíamos reunirnos. Mi equipo y yo estamos ahora alineados y todos deberíamos estarlo si queremos tener éxito; no podemos tener cinco frentes abiertos. Debemos estar de acuerdo sobre qué expectativas queremos cumplir, cuál es nuestro objetivo y cómo desarrollar buenas relaciones mientras compartimos nuestra misión. Necesitamos tener una misión, un plan y una ejecución. Escojamos un balón, centrémonos en él y avancemos juntos.

—¿Y cómo sugiere que lo hagamos? —preguntó James.

—Me alegro de que lo pregunte —dijo Ruth mientras se dirigía a la pizarra y escribía «EDAR[3]»—. Hemos utilizado este modelo para tener conversaciones de crecimiento como equipo. Creo que podemos usarlo ahora para ayudarnos a alinearnos y a centrarnos.

Ruth les explicó el modelo. Cuando llegó a la parte de las relaciones, dijo:

—Mis relaciones con mi equipo son una prioridad y también deberían serlo mis relaciones con la junta. Si podemos tener las conversaciones necesarias, trabajar nuestras diferencias y llegar a un consenso sobre cómo avanzar, nada nos detendrá. Aunque todos deseamos vender la empresa, me he dado cuenta de que ese no puede ser mi objetivo. Nuestro objetivo debe ser fortalecer las relaciones y convertirnos en un gran equipo, trabajando juntos para lograr nuestra misión y conseguir el éxito en el lanzamiento del nuevo producto. Si lo logramos, la venta será un resultado secundario. Como siempre dice mi hermana Mary: «Si deseas el fruto, tienes que centrarte en la raíz».

—No podría estar más de acuerdo. Así que tomémonos el tiempo que necesitemos para conversar —dijo James asintiendo.

Y eso es lo que hicieron durante el resto de la mañana y después de comer. Ruth los guio a través del modelo EDAR[3] mientras decían sus verdades, discrepaban, se peleaban, aclaraban las cosas, se calmaban y creaban las reglas de compromiso para la junta y un plan para los siguientes noventa días. Acordaron mantener más conversaciones difíciles (de crecimiento) en la reunión y no dejar que los egos, las divisiones ni las discrepancias se interpusieran en el camino hacia sus objetivos. Al finalizar la reunión, agradecieron a Ruth su liderazgo y el nuevo y útil modelo que aplicarían en sus propias empresas y equipos.

Cuando el último miembro de la junta se marchó, Ruth respiró aliviada mientras golpeaba un balón contra el suelo. Se sentía mil veces más ligera y segura que nunca con respecto a la junta, a su equipo y al futuro de la empresa. Debería tener más conversaciones con la junta y con su equipo, pero ahora tenía una forma potente y práctica de convertir su lucha en fuerza y su frustración en motivación. Solo faltaba una pieza en su equipo y ya sabía exactamente lo que debía hacer a continuación.

La transformación

Al día siguiente, cuando se reunió con su equipo en la sala de conferencias, les contó todos los detalles del encuentro con la junta directiva y la estrategia creada. Su emoción y entusiasmo eran contagiosos y su equipo rebosaba esperanza y optimismo de cara al futuro. Después de informarles sobre la reunión y el plan de noventa días, volvió sobre el debate que Thomas y David habían mantenido con relación a prometer demasiado sobre un producto que aún no estaba terminado. Deseaba que su equipo supiera que podía contar con ella para resolver cualquier problema y aportar claridad y certidumbre.

—Comprendo los diferentes puntos de vista de Thomas y David —dijo. —Y esta es la cuestión: en tecnología, si no puedes prometer nada porque aún lo estés desarrollando, entonces no tienes nada nuevo que vender. Todos hemos oído hablar de prototipos y pilotos, ¿verdad? Es una situación estresante, pero siempre promocionamos y prometemos nuestras nuevas ofertas y luego tenemos que trabajar como locos para hacer realidad un prototipo, porque esa es la naturaleza de esta industria y de este negocio. Vendemos. Prometemos. Creamos. Cumplimos. Solo tenemos que asegurarnos de trabajar juntos y apoyarnos mutuamente para cumplir nuestros plazos. Entonces, ¿estamos de acuerdo? ¿Podemos hacerlo? —Preguntó al equipo.

Todos dijeron que sí, incluso Thomas, que se dio cuenta de que el estrés había podido con él.

—Estupendo —dijo Ruth—. Ahora tengo una sorpresa. Es algo en lo que he estado pensando mucho mientras nos preparábamos para esta transformación extraordinaria.

Se acercó a la puerta de la sala de conferencias y la abrió. Al otro lado estaba T sonriendo. Cogió la mano que Ruth le tendió, la estrechó y entró en la sala. Todos la conocían, porque había garantizado su seguridad durante los últimos seis años. Ruth continuó:

—La transformación empieza con T y ella nos ayudará a enderezar el rumbo de este barco. Le he pedido a nuestra responsable de seguridad que se una a nuestra empresa y que actúe como gestora de confianza en nuestras continuas reuniones y conversaciones. Espero que nos ayude a centrarnos en las relaciones, a fortalecer vínculos y a asegurarnos de decir siempre la verdad. Ella lo ha hecho conmigo y sé que nos ayudará a todos a mantenernos en el buen camino.

Todo el equipo sonrió. Fue una elección inesperada, pero lógica. Había hablado personalmente con todos ellos. Confiaban en ella y sabían que los ayudaría a aumentar la complicidad entre ellos; también conocían su carácter protector y discreto, y que sería diligente a la hora de velar por ellos y su nueva tecnología.

—Así que echemos una mano a T y démosle la bienvenida al equipo —dijo Ruth.

Todos aplaudieron y vitorearon, mientras T sonreía y recorría la sala.

—No puedo agradecértelo lo suficiente —le dijo a Ruth—. Estoy entusiasmada con esta oportunidad de trabajar con vosotros y haré todo lo que esté en mi mano para ayudaros a mejorar y a crecer.

—Estamos encantados de tenerte en el equipo T. Todos somos imprescindibles para alcanzar nuestro objetivo en los próximos noventa días —dijo Ruth mientras señalaba a cada miembro del equipo. Y mientras escribía «EDAR^3» en la pizarra y luego «MISIÓN» en letras grandes al lado—. Vamos a trabajar duro y a mantener muchas conversaciones para conseguirlo, así que recordemos el modelo EDAR^3. No olvidemos nuestra razón de ser mientras avanzamos. Con pequeños egos, centrémonos en nuestra gran misión. Nuestras conversaciones deben servir para hacernos más fuertes.

A continuación, repitió el ejercicio de voleibol que había hecho con la junta. Como había muchos antiguos atletas entre ellos, fueron mucho más hábiles que la junta en su primer intento, pero la lección y la respuesta fueron las mismas. Y no hacía falta ser atleta para comprender el mensaje. Centrarse en una tarea y no perder de vista la recompensa. La misión ahora no era vender la empresa, sino lograr algo importante como equipo, trabajar juntos y hacerse más fuertes utilizando el modelo EDAR^3.

Ruth cerró la reunión diciendo:

—¡Aprovechemos el día! —Sabía que ese iba a ser un gran día.

Capítulo 6

La hora de la transformación

En las semanas siguientes, Ruth mantuvo sus compromisos con el equipo y el equipo también cumplió los suyos. El reconocimiento del compromiso por parte de todos hizo que aumentara la confianza y que todos se implicaran. Ya no luchaban unos contra otros, luchaban los unos por los otros. Tuvieron muchas conversaciones y reuniones en ese tiempo y el modelo EDAR[3] contribuyó a aumentar el respeto y aprecio mutuos. Seguían enfrentándose y discrepando, pero se hicieron más fuertes gracias a la confianza y al apoyo mutuo. Estaban más unidos. Trabajaron como un equipo de dirección de élite que sabía lo que era necesario para ser los mejores del sector.

A lo largo del camino, Ruth se percató de que el problema no eran las peleas en el equipo. Lo que había provocado la desunión era la falta de confianza. Las familias se pelean. Pero cuando hay amor, respeto y unas reglas de compromiso adecuadas, se produce una mayor conexión e implicación. Ruth fue testigo de cómo su equipo disfuncional se transformó en una familia unida. Que vendieran o no la empresa era mucho menos importante para ella. Ver a su equipo convertirse en un grupo cohesionado fue una de las mayores recompensas de su vida. Le encantaba la forma en que empezaban cada reunión compartiendo su visión y su propósito más importante, y la forma en que se decían respetuosamente la verdad en sus conversaciones.

Se entusiasmaba cada vez que alguien proponía una nueva regla para mejorar y hacer que sus conversaciones fueran más productivas. Aplaudía a los miembros del equipo cuando la desafiaban y le pedían que explicara por qué tomaba ciertas decisiones. Disfrutó viendo florecer nuevas amistades —incluso entre David y Thomas— y, lo que es más importante, se sorprendió enormemente cuando decidieron trabajar en la oficina de lunes a jueves y teletrabajar solo los viernes. Ella no lo impuso. Le plantearon la idea y apoyó la decisión. Y le encantó ver cómo prosperaba T. Estaba haciendo exactamente lo que Ruth esperaba de ella: actuar como punto de unión, para lograr lo mejor para todos.

Capítulo 7

El equipo

Con el paso del tiempo, las relaciones y la confianza del equipo se fortalecieron, al igual que sus vínculos. La idea de marcharse ya no era una opción. Todos se quedaron hasta el lanzamiento del producto, que tuvo lugar ochenta días después de la reunión crucial de Ruth con la junta directiva.

Fue un gran éxito en el mercado y todo el sector se percató de ello. La junta estaba eufórica y el equipo sentía un inmenso orgullo por el éxito alcanzado. Ruth estaba agradecida por todo y por todos los que habían posibilitado que llegaras hasta este punto.

A los noventa días lo celebraron en el restaurante favorito de Ruth, que había reservado para la ocasión.

El día 111, BBDI fue vendida por casi el doble del precio previsto por la junta directiva. No fue una decisión que tomara ella sola: la junta estaba a favor de vender la empresa y también su equipo de dirección. Ruth les dijo que no vendería sin su visto bueno y todos respaldaron su decisión de aceptar una oferta que era demasiado buena para rechazarla.

Sin embargo, el día de la venta, Ruth no estaba tan contenta. Tenía sentimientos encontrados. Había logrado un éxito profesional y financiero con el que la mayoría de la gente solo puede soñar, pero estaba triste porque el viaje compartido con su equipo había llegado a su fin. Era una sensación extraña conseguir lo deseado y no estar satisfecha, pensó. Sabía que debía hacer algo más, pero no tenía claro qué.

Aún sentía un vacío, incluso mientras disfrutaba de un merecido viaje a Italia con su familia. Eran sus primeras vacaciones familiares reales en una década y, aunque le encantaba comer pasta fresca y saborear un helado cremoso con su marido y sus cuatro hijos, sabía que faltaba algo. Al ver a un grupo de personas de negocios reunidas en un café local, se dio cuenta de lo que le pasaba.

Una reunión más

Cuando Ruth regresó de su viaje a Italia, invitó a su equipo directivo a su casa. Los términos de la venta de la empresa no exigían que permaneciera como directora ejecutiva, por lo que consideró que lo mejor era apartarse y disfrutar de un merecido descanso. La mayor parte de su equipo decidió marcharse también con generosas compensaciones por la venta. Llegaba un nuevo liderazgo y tenía sentido que un nuevo equipo se hiciera cargo de la transición. Aunque Ruth no necesitaba volver a trabajar, el resto del equipo sí, así que se preguntaban por qué deseaba reunirse con ellos. Muchos se habían convertido en estrellas del sector y habían recibido ofertas increíbles para formar parte de otras empresas líderes que buscaban mayores éxitos.

Tras una pequeña charla en la que rememoraron los últimos seis meses y el increíble cambio de rumbo, Ruth comenzó:

—Seguro se estarán preguntando por qué os he invitado hoy a todos. Por supuesto que os quiero y que siempre seréis bienvenidos en nuestra familia, pero desde luego no os he convocado solo para tener un agradable almuerzo y charlar. Os he reunido porque quiero tener otra conversación «EDAR[3]» sobre comenzar una nueva empresa juntos. No he terminado con vosotros ni con este equipo. Y espero que vosotros tampoco hayáis terminado conmigo. Apenas hemos comenzado. Hay tanto que podemos hacer y crear juntos. Nuestro equipo puede cambiar el mundo de manera significativa.

Ruth miró alrededor de la sala buscando los ojos de los miembros de su equipo para ver si estaban tan emocionados como ella y continuó:

—¿Qué voy a hacer? ¿Pasar todo el rato con mi familia y viajar por el mundo? Por supuesto que no. Mi familia sabe lo mucho que significáis para mí y no imaginan mi vida sin seguir creando cosas especiales con vosotros. Nuestras familias han compartido este viaje con nosotros. Ese es mi deseo y espero que sea el vuestro también. Por supuesto, haré que merezca la pena desde el punto de vista económico y cada uno de vosotros obtendrá participaciones en nuestra nueva empresa, lo que os convertirá en dueños de una parte importante de un negocio que generará riqueza para nuestros seres queridos. No obstante, al igual que le dimos la vuelta a BBDI, crearemos el éxito centrándonos en una nueva misión, no en el dinero —y, mientras daba una palmada y batía los puños, terminó—: ¿Qué me decís?

Paula fue la primera en hablar:

—El hecho de que quieras volver a trabajar con nosotros, cuando no tienes necesidad de hacer nada, significa mucho. Sé que todas nuestras familias y seres queridos también lo apreciarán. Todos los picnics de empresa, las largas horas de trabajo y los altibajos a lo largo de los años ¡han merecido la pena! Tenemos más trabajo fantástico que hacer juntos y, ahora que hemos aprendido tanto sobre cómo ser un gran equipo, crearemos productos aún mejores.

—Aprecio tu deseo de seguir con nosotros —dijo Mitch—. Estoy de acuerdo, lo de antes ha sido solo el comienzo. Vendimos y estoy entusiasmado por ver lo que podemos crear a continuación.

—Estoy de acuerdo —dijo Thomas—. Los últimos meses han sido los más gratificantes de mi carrera. Si podemos aplicar el mismo procedimiento de trabajo en equipo a una nueva empresa, estaré totalmente a favor.

—Pero ¿qué vamos a crear? —preguntó David y añadió riendo —: ¿Cuál será nuestra misión? Sabes que necesito algo que comercializar y una historia que contar antes de tener un producto.

—Esa es una gran pregunta —respondió Ruth—. Y de eso es de lo que quiero hablar. Me entusiasma que estéis dispuestos a seguir este camino, así que abordemos juntos lo que deseamos crear con el modelo EDAR³ en el futuro. Imaginemos un futuro que podamos construir juntos. Y después de decidir esto, utilicemos el plan de acción creado para nosotros por T*, nuestra responsable de confianza, que nos ayudará a continuar diciendo la verdad, construyendo confianza y generando transformación a lo largo del tiempo. Estas cuatro palabras son poderosas: cuando los equipos se comunican con la «verdad», se construye «confianza» que, con el «tiempo», conduce a la «transformación».

Se volvió hacia T, que estaba sentada a su lado. Se dieron la mano y Ruth le dio las gracias por haber creado un plan de acción tan fantástico para complementar el modelo EDAR³.

—Seguiremos mejorando —exclamó—. De acuerdo, empecemos. ¿Qué queréis crear ahora?

Tras debatir sus ideas durante unas horas y escuchar con respeto las opiniones de todos sobre lo que se debía hacer, finalmente decidieron que querían un nuevo producto tecnológico que reforzara y protegiera las relaciones. Quizá sería algo relacionado con la ciberseguridad. No estaban seguros de qué crearían exactamente, pero tenían claro cuál era su misión. Tenían su modelo EDAR³ y la estructura de su plan de acción. Confiaban unos en otros y estaban listos para crear una nueva empresa y un futuro juntos.

---

* N. de la T.: Ver nota de la página 87.

Las conversaciones difíciles no tienen por qué ser complejas

Nota para los lectores en castellano: En la versión original este plan se denomina «4T» a partir de las iniciales de *Truth*, *Trust*, *Time* y *Transformation*. Pero en la traducción se pierde el juego de letras con las cuatro «T» y la T del nombre de su creadora. Por tanto, hemos decidido nombrarlo con las iniciales de las cuatro palabras que lo forman: plan VCTT, iniciales de verdad, confianza, transformación y tiempo.

Capítulo 8

Aplicación del modelo EDAR[3]

Las conversaciones difíciles no tienen por qué ser complejas. Resumen

Una de las cuestiones decisivas para la confianza y el rendimiento de un equipo es saber mantener conversaciones difíciles.

Estas conversaciones siempre deben tener un tono positivo. No siempre será fácil, pero actuar de forma conjunta facilita mucho el proceso, en especial con el modelo EDAR³ y con unas reglas de compromiso creadas para ello.

Es verdad que entablar este tipo de conversaciones puede atemorizarnos. Nos ponemos nerviosos e incluso nos asusta la posibilidad de mantener algunas de las conversaciones más importantes de nuestra vida y trabajo. Los líderes y equipos excepcionales son conscientes de esta realidad y trabajan para mejorar la gestión de cualquier asunto o tema. Estas conversaciones suponen una gran oportunidad debido a que la mayoría de las personas las evitan o esperan que sea otro quien se ocupe del asunto. En nuestro trabajo de asesoramiento solemos escuchar: «Esperaba que el problema desapareciera o se solucionara solo». Hemos descubierto que los equipos que tienen la disciplina y el compromiso de no eludir las conversaciones más difíciles y desafiantes suelen progresar. Los equipos y los individuos se fortalecen. Aprenden a apreciar los puntos de vista ajenos y mejoran su rendimiento. Hay que tener paciencia, aprovechar los elementos del modelo EDAR³ y confiar en el proceso. A medida que practiquen y trabajen juntos para obtener mejores resultados, crecerá la confianza y también lo harán todos los miembros del equipo. El modelo EDAR³ y el plan de acción VCTT proporcionan la estructura necesaria para alcanzar el éxito.

PASO 1

Los equipos deben revisar juntos el modelo y crear reglas de compromiso específicas para su equipo u organización. A continuación, adaptarán su plan de acción VCTT para decirse las verdades y evolucionar con el tiempo.

PASO 2

El plan de acción VCTT debe llevarse a cabo de forma conjunta:

V: Decid la verdad. Preguntad a cada miembro del equipo: ¿En qué aspectos debería haber más transparencia?

C: Fomentad la confianza en vuestros compañeros y en vosotros mismos. Hablad de la frecuencia con la que os decís la verdad unos a otros como equipo y decidid en qué aspectos sería más útil la sinceridad. ¿Cómo podéis apoyaros mutuamente para ser más auténticos y honestos y actuar mejor como grupo?

T1: Creed en la transformación. Preguntad a cada persona del equipo qué tipo de transformación le gustaría ver (por pequeña que parezca).

T2: La transformación lleva su tiempo, así que dedicad el tiempo necesario para que todos los miembros del equipo se sientan cómodos, digan la verdad, confíen y, en última instancia, se transformen. Este proceso requiere paciencia y tolerancia.

PASO 3

Comenzad a practicar el modelo EDAR[3] en equipo. Se debe repasar el modelo cada semana y antes de las conversaciones en las que puedan surgir temas y situaciones más complejos.

PASO 4

Analizad y celebrad todos los progresos.

Las conversaciones difíciles no tienen por qué ser complejas

PASO 5

Actualizad las reglas de compromiso siempre que sea necesario.

La verdad ayudará al equipo a lograr grandes cosas. Será una fuerza orientadora para crear una cultura de excelencia que incluya la calidad en el liderazgo y el trabajo en equipo. Tanto los equipos como toda la organización crecerán a nivel individual y colectivo.

The Model: STAR³

S   *Small ego/big mission. WE > Me.*

T   *Tell the truth to get better together.*

A   *Assume positive intent. Do not take it personally. Manage emotional energy. No personal attacks.*

R^1 *Rules of Engagement. Create specific rules of engagement for your team when using the STAR³ model.*

R^2 *Respect your team and the process.*

R^3 *Relationships matter most.*

Nota para los lectores en castellano: para facilitar la comprensión lectora a lo largo del libro, hemos decidido cambiar las iniciales del modelo original en inglés «STAR³» por modelo «EDAR³» en español.

El modelo EDAR³

E Ego pequeño, gran misión. NOSOTROS > yo.

D Decir la verdad para mejorar juntos.

A Asumir una actitud positiva. No tomarse nada como algo personal. Gestionar la energía emocional. Nada de ataques personales.

R¹ Reglas de compromiso. Crear normas de compromiso específicas para el equipo con ayuda del modelo EDAR³.

R² Respeto del proceso y del equipo.

R³ Relaciones: son lo más importante.

Recursos

En www.difficultconversationsbook.com es posible:

- Obtener un plan de acción durante la lectura de *Las conversaciones difíciles no tienen por qué ser complejas.*
- Adquirir una plantilla del plan de acción T4 (VCTT) para rellenarlo con el equipo y seguir avanzando.
- Descargar una copia del modelo STAR[3].
- Tener acceso a talleres, formación, *coaching,* seminarios sobre liderazgo y conferencias tanto para equipos como para organizaciones.

Datos para contactar con Jon o Amy (The Jon Gordon Companies) y tratar sobre la forma de convertirse en un potente equipo:

Teléfono: 1-904-285-6842

Correo electrónico: info@jongordon.com

Web: JonGordon.com

X (antes Twitter): @JonGordon11

Facebook: Facebook.com/JonGordonpage

Instagram: JonGordon11

Suscripciones para recibir el consejo positivo semanal de Jon en: JonGordon.com.

Otros libros de Jon Gordon

La única verdad

En esta obra, publicada en español por Oberón libros, su autor, el líder de opinión Jon Gordon, invita a realizar un viaje para descubrir perspectivas revolucionarias, verdades ancestrales y estrategias prácticas para elevar la mente, desbloquear su poder y vivir la vida al máximo. Cuando se conoce la única verdad, se puede ver cómo influye en el liderazgo, el trabajo en equipo, la mentalidad, el rendimiento, las relaciones, las adicciones, las redes sociales, la ansiedad, la salud mental, la curación y, en última instancia, en lo que creemos y experimentamos.

The Energy Bus

La vida y carrera de un hombre se tambalean, pero aprende a superar la adversidad de la mano de un singular conductor de autobús y un grupo de pasajeros. Es un esclarecedor viaje de energía positiva que mejora la forma de dirigir, de trabajar y de funcionar de los equipos.

www.TheEnergyBus.com

The Energy Bus Field Guide

El superventas internacional de Jon Gordon, *The Energy Bus*, ha inspirado a miles de empresas, organizaciones, equipos deportivos, escuelas y familias para que cultiven la energía positiva, superen la adversidad y saquen lo mejor de sí mismos y de quienes los rodean. Esta guía práctica es sencilla y eficaz. Gracias a sus diez principios, aprenderás a sortear los obstáculos que a menudo impiden el éxito individual y de equipo, y a avanzar en la dirección correcta con visión, focalización, propósito y energía positiva.

The Energy Bus for Schools

Este libro —basado en *The Energy Bus*, el superventas de *The Wall Street Journal*— enseña a los educadores a incorporar la energía positiva en sus colegios, en sus alumnos y en sí mismos. Las investigaciones demuestran que la cultura y el liderazgo tienen un enorme impacto en el entorno de aprendizaje y en el éxito académico de los alumnos. Este libro ayudará a los docentes a trabajar juntos para crear una cultura escolar en la que los líderes educativos y los estudiantes puedan desarrollarse como dirigentes positivos y dinamizar la cultura de sus centros como un frente unido.

The No Complaining Rule

En esta obra el lector seguirá a una vicepresidenta de Recursos Humanos que debe salvar a su empresa de la ruina y a sí misma, mientras descubre principios contrastados y un plan realizable para ganar la batalla contra la negatividad individual y organizativa.
www.NoComplainingRule.com

Training Camp

Esta inspiradora historia de un niño con un gran corazón y un entrenador especial que lo guía en su búsqueda de la excelencia revela los once hábitos ganadores que distinguen a los mejores individuos y equipos del resto.

www.TrainingCamp11.com

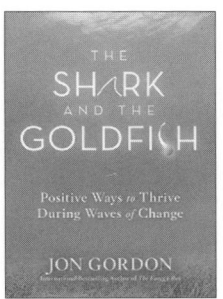

The Shark and the Goldfish

Deliciosamente ilustrada, esta lectura rápida está repleta de consejos y estrategias sobre cómo responder a los retos que escapan a nuestro control para prosperar durante las oleadas de cambio.

www.SharkandGoldfish.com

Soup

La recién nombrada directora ejecutiva de una popular empresa de sopas es contratada para relanzar la marca y devolver el éxito a una empresa en momentos difíciles. A lo largo de su aventura, se descubren los ingredientes clave para unir, comprometer e inspirar a los equipos y crear una cultura de grandeza.

www.Soup11.com

The Seed

Josh es una estrella en ascenso en su empresa, pero está desilusionado con su trabajo y busca el significado y la pasión en su interior. A lo largo del viaje de Josh por todo el país, se descubren nuevas y sorprendentes fuentes de sabiduría e inspiración para los negocios y la vida.

www.Seed11.com

One Word

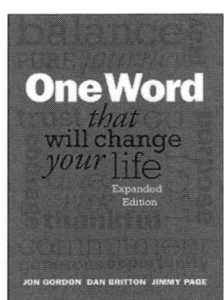

«One Word» es un concepto sencillo que puede suponer un potente cambio de vida. Esta lectura rápida proporciona inspiración para simplificar la vida y el trabajo centrándonos en una sola palabra durante todo el año. Una palabra puede crear claridad, poder, pasión y un cambio de vida. Cuando la encuentras, compartirla hace que la vida sea más gratificante y emocionante que nunca.

www.getoneword.com

The positive dog

Todos llevamos dos perros en nuestro interior. Uno es positivo, feliz, optimista y lleno de esperanza; el otro, negativo, resentido, pesimista y temeroso. Estos dos perros luchan a menudo en nuestro interior. ¿Quién gana? *The Positive Dog* es una historia inspiradora que revela no solo las estrategias y los beneficios de ser positivo, sino también una verdad esencial: ser positivo no solo nos hace mejores, sino que también mejora a todos los que nos rodean.

www.feedthepositivedog.com

The Carpenter

Este es el libro más inspirador de Jon Gordon hasta la fecha, lleno de lecciones y estrategias poderosas para alcanzar el éxito. Michael se despierta en el hospital con una venda en la cabeza y el miedo en el corazón tras desmayarse una mañana mientras corría. Al enterarse de que el hombre que le salvó la vida es carpintero, lo visita y pronto se da cuenta de que, además de carpintero, es un constructor de vidas, carreras, personas y equipos. Gracias a este viaje se pueden aprender principios atemporales para destacar, sobresalir y marcar la diferencia.

www.carpenter11.com

The Hard Hat

La verdadera historia de George Boiardi, un jugador de *lacrosse* de Cornell. Un libro inolvidable sobre un líder y compañero de equipo desinteresado, leal, alegre, trabajador, competitivo y solidario. Describe el impacto que tuvo en su equipo y su programa, así como las lecciones que podemos extraer Esta inspiradora historia nos enseña a crear un gran equipo y a ser el mejor compañero posible.

www.hardhat21.com

You Win in the Locker Room First

Basado en las extraordinarias experiencias del entrenador de la NFL Mike Smith y del experto en liderazgo Jon Gordon, este libro ofrece una rara mirada entre bastidores a uno de los trabajos de liderazgo con mayor presión del planeta y a lo que los líderes pueden aprender de estas experiencias para hacer ganadores a sus propios equipos.

www.wininthelockerroom.com

Life Word

Este libro revela una herramienta sencilla y potente para ayudarnos a identificar una palabra que nos inspire a vivir una vida mejor y a dejar el mayor legado posible. En el proceso, descubriremos el propósito que nos mostrará cómo vivir con un sentido renovado de poder y pasión. www.getoneword.com/lifeword

The Power of Positive Leadership

Esta obra es un entrenador personal para forjar el líder que todo equipo merece. Jon Gordon recoge los aspectos de sus libros más vendidos para ofrecer la guía definitiva del liderazgo positivo. En tiempos difíciles, los líderes deben estar a la altura de los desafíos. Los resultados son el trabajo en equipo, la visión, el talento, la innovación, la ejecución y el compromiso. Este libro muestra cómo integrar todo esto para convertirse en un líder positivo y eficaz.

www.powerofpositiveleadership.com

The Power of a Positive Team

Este libro se basa en la experiencia única del autor en la creación de equipos y en conversaciones con algunos de los mejores equipos de la historia para ofrecer una estructura esencial de prácticas probadas que permiten capacitar a los equipos para trabajar juntos de forma más efectiva y lograr resultados superiores.

www.PowerOfAPositiveTeam.com

The Coffee Bean

Del célebre autor Jon Gordon y la estrella emergente Damon West llega *The Coffee Bean*: una fábula ilustrada que enseña a los lectores a transformar su entorno, superar los retos más difíciles y crear cambios positivos.

www.coffeebeanbook.com

Stay positive

Citas inspiradoras y mensajes edificantes para vivir del célebre autor Jon Gordon. Todos deberíamos tener este pequeño libro siempre a mano, para leerlo todos a diario y alimentar la mente, el cuerpo y el alma con el poder de la positividad.

www.StayPositiveBook.com

The Garden

Esta es una fábula esclarecedora y edificante que ayuda a los lectores a superar las «5 D» (duda, distorsión, desánimo, distracción y división) para encontrar más paz, enfoque, conexión y felicidad. Jon cuenta la historia de unos adolescentes gemelos que, con la ayuda de un vecino y su jardín especial, encuentran una sabiduría ancestral, lecciones que les cambian la vida y estrategias prácticas para superar el miedo, la ansiedad y el estrés en sus vidas.

Relationship Grit

En esta ocasión, el autor forma equipo con Kathryn Gordon, su esposa desde hace 23 años, para analizar lo que se necesita para crear relaciones sólidas. En *Relationship Grit*, los Gordon revelan lo que los unió, lo que los ha mantenido juntos en tiempos difíciles y lo que sigue manteniendo vivo su amor y su pasión el uno por el otro en la actualidad.

www.relationshipgritbook.com

Stick Together

Este libro ofrece un potente mensaje sobre el poder de la fe, el sentido de pertenencia, la conexión, el amor, la inclusión, la constancia y la esperanza. Los autores guían a equipos e individuos en un inspirador viaje para mostrarles cómo perseverar a través de los retos, superar los obstáculos y crear juntos el éxito.

www.sticktogetherbook.com

Row the Boat

En este libro, P. J. Fleck —entrenador de los Minnesota Golden Gophers— y Jon Gordon transmiten un mensaje inspirador sobre todo lo que se puede conseguir cuando se aborda la vida con una filosofía de no rendirse nunca. Muestra cómo elegir el entusiasmo y el optimismo como guía, en vez de dejar que nos definan las circunstancias y acontecimientos que escapan a nuestro control.

www.rowtheboatbook.com

The Sale

En esta obra, Jon Gordon y la estrella emergente Alex Demczak ofrecen una lección inestimable sobre lo que es más importante en la vida y en el trabajo, y cómo conseguirlo, mediante cuatro lecciones de integridad para crear un éxito duradero.

www.thesalebook.com

The One Word Journal

En este volumen, los célebres autores Jon Gordon, Dan Britton y Jimmy Page ofrecen un nuevo y potente procedimiento para simplificar y transformar la vida y los negocios. En él se enseña a acceder al núcleo de nuestros objetivos cada semana del año a través de 52 lecciones semanales.

How to Be a Coffee Bean

En esta obra, Jon Gordon y Damon West presentan 111 estrategias sencillas y efectivas para ayudar a vivir como un grano de café, lleno de hábitos saludables, ánimo y auténtica felicidad. Desde atletas, estudiantes y ejecutivos, son innumerables las personas que se han sentido inspiradas por el mensaje de *The coffee bean*. Ahora, se muestra cómo poner en práctica esta filosofía para crear un cambio real y duradero en la vida.

The Energy Bus for Kids

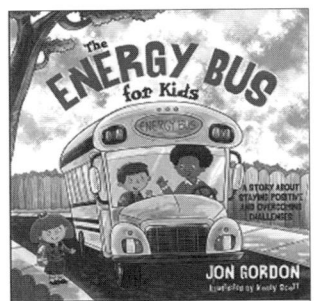

La adaptación ilustrada para niños de este superventas cuenta la historia de George, que con la ayuda de Joy, la conductora de su autobús escolar aprende que, si cree en sí mismo, encontrará la fuerza para superar cualquier reto. Su viaje enseña a los niños a superar la negatividad, y los retos cotidianos para dar lo mejor de sí mismos.
www.EnergyBusKids.com

Thank You and Good Night

Jon Gordon lleva a un niño y a una niña de viaje en una noche perfecta iluminada por la luna. Durante sus días y noches de aventura, los niños exploran las personas, los lugares y las cosas por las que sienten agradecimiento.

The Hard Hat for Kids

Esta edificante historia —adaptación del éxito de ventas *The Hard Hat*— ofrece perspectivas prácticas y lecciones para cambiar la vida aplicables a las situaciones cotidianas, y proporciona a los niños —y a los adultos— una nueva perspectiva sobre la cooperación, la amistad y la naturaleza desinteresada del verdadero trabajo en equipo.
www.HardHatforKids.com

One Word for Children

Si pudiéramos elegir una sola palabra para tener el mejor año, ¿cuál sería? ¿Amor? ¿Diversión? ¿Fe? Probablemente sea diferente para cada uno. Encontrar nuestra palabra es tan importante como la propia palabra. Y, una vez que la encontramos, ¿qué hacemos con ella? Jon Gordon, Dan Britton y Jimmy Page plantean estas preguntas a niños y adultos de todas las edades mientras imparten una importante lección de vida.
www.getoneword.com/kids

The Coffee Bean for Kids

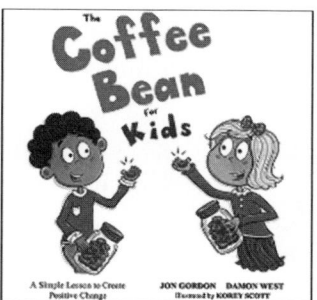

Los autores de este libro inspiran y animan a los niños con esta historia de superación personal. Es perfecto para padres, profesores y niños que quieran superar la negatividad y las situaciones difíciles. Una obra que enseña a los lectores el potencial que cada uno tiene para liderar, influir y crear un impacto positivo en los demás y en el mundo.
www.coffeebeankidsbook.com